LITERARISCHE NORDSEE

LITERARISCHE
NORDSEE

LEKTÜRE FÜR
DIE TAGE AM MEER

THIELE  VERLAG

INHALT

NORDSEEGRUSS

Heute grüße ich dich
von meiner kleinen Insel,
meinem blauen Zauberland.

Ich schicke dir
eine ordentliche Portion Wind,
der dir den Dünensand um die Beine weht
und einen Sonnenaufgang
am menschenleeren Strand,
den du schwimmend im Meer erlebst.
Danach das Prickeln deiner nackten Haut.

Ich schicke dir
eine Wanderung bei Windstärke acht
um die Kälberweiden Kalfamer,
dem Wellhornschneckenparadies,
wo du tausend Schätze findest,
Strandgut, vom Meer angespült.

Ich schicke dir
die Weite und Stille des Wattenmeeres,
jenseits des großen Priels
wo sonnenhungrige Seehunde
dich verschlafen grüßen.

Ich schicke dir
den kleinen silbernen Fisch am Meeressaum,
den du bei Ebbe auf dem freigelegten
Wattensand
vor dem Ersticken rettest.

Ich schicke dir
einen Rund-um-Blick
aus der Glaskuppel des Kurhauses,
über das schwarzsilberglänzende Watt,
die Dünen und das still gewordene Meer,
im Zauber der letzten Sonnenstrahlen.

Ich schicke dir
einen Platzregen, der dich in Sekunden
bis auf die Haut durchnässt,
dir aber die zauberhafteste
blaufarbene Himmel-Landschaft schenkt.
Als Zugabe einen doppelten Regenbogen
nach friesischer Art,
der sich über die helle Sandbank spannt
und in der Mitte des Meeres versinkt.

Ich schicke dir
einen besonderen Septembertag
mit einem Sonnenuntergang
wie auf Ischia im Mai,
in den Farben Caspar David Friedrichs.

Ich schicke dir
eine Hand voll Herzmuscheln
und den schönsten Blick der Welt,
den nur du kennst.

—— STEFANIE BACHSTEIN

DIE FRIESENINSEL

Keinen Namen hinschreiben – sie wecken Vorurteile ...
Darum soll der Name meiner Nordsee-Insel nicht ge-
nannt sein. Könnte doch keinen Begriff geben von der
Macht geisternder Luftraubtiere, die zur Flutzeit ihr
Wesen treiben; nichts von der verlassenen Düsternis
eines weiten wie toten Wattenmeers – auch nichts von
der Traulichkeit friesischer Häuschen, die an der Heide hinter Steinwällen liegen, in Einsamkeit von Salzluft umhaucht; nichts von totenstillen Dünenklippen.

Ich stand auf einem Kliff; sah hinüber, weit über das
von der Ebbe getrocknete Wattenmeer. Bräunlicher
Sand, so weit das Auge sieht, aber nicht glatt, sondern
mit allerhand Formen, erhöhten und vertieften.

Man könnte denken, das wäre langweilig – immer auf bräunlichen Sand zu sehen. Aber nein: man
erblickt noch andres; hier und da ein Gerinnsel von
Seewasser, darüber weggleitend – und Hunderte von
Wasservögeln darin schreitend, stelzend, hockend.
Hinter mir, auf dem Land, ist alles totenstill. Kein
menschlicher Laut zieht über die im Meeresduft liegende Heide voll dicker, dichter, knorriger, zäher, holz-
artiger Erika, die wie ein braun-violettes Fell alles ein-

hüllt. Kein Laut ... Unten beginnt die braune Fläche, von der das Wasser zurücktrat, tausend Meter weit zu schillern, irisierend zu leuchten; weil in das dünne Wassergerinnsel des ungeheuren halbtrockenen Bettes in aller düsteren Verlassenheit Abendhimmelwolken hineinspiegeln.

Jetzt scheint die feuchte gewaltige Niederung streckenweise tot zu strahlen – und dabei bleibt die Küste mit ihren Hünengräbern und dem fernen Leuchtturm, wie ich es schon einmal gesagt, es gibt keine andren Worte dafür, in eine schattendüstere, lichtverschollene Öde gebannt.

Ja, alle guten Kirchenheiligen steht mir bei, dort oben über dem Wattenmeer lagern stirnrunzelnd die Friesengötter, jeder hat einen Fluch im finster umleuchteten, haßvollen Blick. Um die Sonnenuntergangsstunde sammeln sich diese Verstorbenen hier in der Luft über dem Meere der Verlassenheit – und in dem Wattenmeer liegen begraben, verschüttet, randüberweht, flutüberspült menschliche Siedelungen, mit ihren Menschen, ihrem Gerät, ihrem Getier, aus Jahrhunderten, aus Jahrtausenden. Städte standen, wo jetzt das Meer fließt.

Es läßt sich nur mit demselben Wort sagen: Diese Insel, von der ich den Blick über das Meerbett sende, war nicht immer eine Insel. Und was jetzt von Wogen überdonnert wird, wenn die Flut kommt, war ein Landarm. Begraben, begraben! Wer in diesem Sand schaufeln könnte, tausend Meter tief! Was er fände – wie viele Dorfschulzen mit ihren Dörfern, wie viele Kriegerscharen, wie viele flachsblonde Pfundmädel, von denen kein flachsblondes Haar mehr vorhanden, wieviel Göttermale, wieviel Kirchen, wieviel Häuslichkeiten. Verschlungen, verschlammt, verschluckt. Wer hier schaufeln könnte ...!

Doch er müßte sich beeilen, denn nach einer Handvoll Stunden rast die Flut zurück.

Oben an diesem Kliff steht ein einsames Haus. Die Wanderung an den öden Inselpunkt macht hungrig. Als ich im späten Abendschein dort hinaufgeklettert war, bat ich die Frau um Eier und Schinken. Eine Colliehündin, löwenhaft behaart – denn in diesem Klima nähert sich alles der fruchtbaren Verwilderung, man braucht nur die gigantischen Widder anzusehn! –, eine gelbe Löwenhündin beteiligte sich an dem einsamen Nachtessen im fahlen Lichte des rätselvoll versinkenden Tages; und mir war, als könnte man die salzige Luft in ebensolche Scheiben zerteilen wie das Brot vor mir.

Eine Magd und ein Knecht saßen auf einer Wagendeichsel, fünf Schritt voneinander, er rittlings, und plauderten in einer Mundart, die nicht mehr bloß platt, sondern schon genauer friesisch ist ... Die Leute heißen hier Epsen, Hansen, Jensen, Lassen, Thiesen, Brodersen, Petersen, Martinsen, Nielsen, Cornelisen, Andresen, Christiansen, Duysen, Thomsen, sogar Bleick Bleicken, einer mit dem Vornamen Schwen, und allenfalls auch Möller oder Lund.

Der Knecht und die Magd plauderten plattdeutsch, genauer: friesisch, auf der Wagendeichsel. Der gelbe Mond stieg über dem Wattenmeer auf. Der gelbe Mond schien über die Heide mit ihrem dicken violett-braunen Erikafell. Der gelbe Mond hing, als ich eine halbe Stunde ohne Weg durch Gestrüpp geschritten war, über eines Dorfes klein versteckten Friesen-häusern mit dunkel tief herablangendem Binsendach, jedes Haus hinter einem Steinwall. Die Heide war nun schwarz; vom Wattenmeer drang der Schrei (fast könnte man sagen: der Pfiff) von Stelzvögeln – die schon wieder erwachten oder aus dem Traum sprachen.

Schwarz war der Erdboden (auf dem ich mehr tappte denn schritt), schwarz waren die Häuschen jenes Dorfs drüben, aber nachthell die Salzluft, darüber der gelbe Mond. Der gelbe Mond schien auf meinem Wege zehnmal, zwanzigmal auf einen hingekauerten Klumpen, das war ein Rind; oft sprang es aufgescheucht empor und jagte davon; manches blieb liegen und erschauerte schnaufend. Ein Vogel schrie; ein Lamm blökte. Das Wattenmeer hörte man rauschen.

Kurz vor Mitternacht kam ich in ein andres Dorf. Wieder geduckte Häuschen, schwarzes tiefhängendes Binsendach, ein Steinwall um das Ganze.

Im Wirtshaus saß eine reizende junge Lehrersfrau mit ihrem Mann, aus dem Schleswigschen, die hier in ihre Heimat zu Besuch gekommen war. Zwei Cousinen saßen dabei und der alte Ortslehrer, ein Riese, Pfeife rauchend. Die junge Frau, die einem Mädchen glich, zeigte wieder diese himmlisch leichte Anmut, diesen lustigen Zartreiz, den ich – zum wievielten Male? – hier an nordwestdeutschen Frauensbildern mit Entzücken sah oder schon mehr schlürfte. Alles nähert sich der dänischen Lieblichkeit.

Die junge Frau lachte; sprach in einem singenden Ton (mitten im Gespräch): »Wir trinken noch einen ganz kleinen Bommerlunder – ihr kennt doch das Lied: ›Schatz, du mußt noch einmal küssen, denn bekömmt mich das so gut!?‹« Dem alten Lehrerriesen wurde ganz schwindlig zumut. Alle lachten. Das Herz ging mir auf, nach dem nächtlichen Tappen über dies dunkle Gefild am Wattenmeer. Und ohne es ihr zu sagen, trank ich mein Tondernbier in einem Zug auf sie.

Und in selbiger Nacht, als alles schlief, kam ich noch in den Ort, wo ich mich niedergelassen habe; wo die wilde Seite der Nordsee, nicht das verschollene Wattenmeer, eine ewige Donnermusik macht; wo die Wellen heute braungrün branden.

Abends um neun bin ich auf dem Watt. Das Fahrzeug müßte sich beeilen – die Ebbe kommt.

Unwetter, toll – und doch eine so milde volle Luft in all den Wolkenbrüchen! Das Schiff hat – wie sagt der Seemann? – Abtrift. Es hat eine ganze Menge Abtrift ... Elf Uhr. Dann: drei Uhr nachts ... Bis dahin sitzen wir fest. Regen peitscht. Zeltdach verwandelt sich in eine Brause.

Man kauert auf der Treppe, hüllt sich voll' Stumpfsinns in den Mantel, mit Zähnen klappernd. Drüben, in der nahen Ferne, sieht man die Lichter der Insel – wie zum Possen. Eins nach dem andern erlischt. Bloß ein paar Funzeln brennen die Nacht hindurch.

Endlich, in den Morgenstunden, setzt man todmüde, fröstelnd den Fuß auf das Eiland. Man fällt mehr ins Bett, als man sich hineinlegt.

(Und gegen neun erwacht man bei reizendem Wetter, als wäre nichts gewesen. Über dem grünen Dünengebirg steht der Himmel, unwahrscheinlich blau; italienhaft.)

Es kommen Tage, wo das Häuschen dröhnt. Mit grünem Dach, auf einer Wiese, rechts abseits; die Fenster gehn auf die gebuckelten Linien des grünenden Dünengebirgs, dahinter rast die See.

Die Türen zittern. Draußen ein Keuchen und Pfeifen bei ziemlich blauem Himmel – und wenn ich eine Luke öffne (das ganze Fenster aufzumachen ist nicht ratsam), dann geschieht etwas Merkwürdiges.

Es entstellt ein Ton, der schwillt und nachläßt, wie auf einer ungeheuren Geige gespielt. Ist ein Holzteil der Türverschalung nicht ganz fest, so daß er zu vibrieren beginnt, wenn der Wind streicht? Es scheint so. Etwas in meinem Zimmer fängt an zu tönen, zu singen, zu brausen – und der Wirt kommt herauf, klopft an, schlüpft fix und schwer hinein, eilends die Tür hinter sich schließend; wir lachen; und ich regle durch allmähliches Öffnen und Schließen die Tonstärke, so daß ein geordnetes Gigantenkonzert zuwege kommt: ein furchtbarer Choral; ein Weltuntergangslied in Takten. Der Wirt mit dem roten Gesicht und dem Riesenbart geht wieder die Treppe hinab, fix und schwer. Er grient.

Manchmal fährt man nordwärts, an ein verlassenes Gestade. Von der Meerseite sind nur Sandberge sichtbar. Hinter dem Sand öffnen sich grünende Hochtäler; grüne Hochmulden. Geflöt kommt von der allen Einsamkeiten preisgegebenen Meeralm – hinüber! Herüber!

Hier sitzen sie, winzige Möwen. Man greift ein junges Möwchen, doch nach fünf Minuten läßt man ihr die Freiheit. Sie wird den Schreck des Abenteuers, vielleicht den Geruch des Menschen durch ihr ganzes Leben nie vergessen. Hier ist ein einzig großes Brutfeld ...

Man klettert über neue Ränder in neue Hochmulden. Neues Geflöt. Dann senken sich etwas tiefere Mulden. Führerlos, sich selbst überlassen, hausen hier Schafe. Der Fuß tritt auf was Gipsweiches, Gedrechseltes. Es sind die gebleichten Rückenwirbel eines der Tiere. Sollte hier Raubzeug ...? Oder ist es eines sanften Todes verstorben? Die Seevögel haben jedenfalls den Knochenaufbau glatt gereinigt. Eine Faust voll Wolle liegt nicht weit ab, vom Wind mit holzigem Wurzelkraut verzettelt. Weiß wie Kalk das Gerippe. Nun, es ist ja Kalk. Unsre Knochen, will sagen: die Knochen aller Säugetiere, sind doch Kalk ...

Ich aber wünsche meinem Leib dereinstens ein so sauberes Ende; ein Verwehen und Verwittern in gleich guter Luft – wenn ihn die Flamme nicht herzhafter verdaut. Unter den kleinen Mitbringseln für mein Arbeitszimmer, aus manchen Orten dieser Erde, soll auch ein weißer Rückgratwirbel dieses heimgegangenen Hammels sein, dieses Mementoschafs, das an einem schönsten Sommertag dieses wundersamen Lebens den Augenblick des Atmens, des Daseins lachender genießen half.

Das noch lebende Schafsgetier wendet mir den Rücken zu und dreht, wie es das Stampfen meiner Stiefel vernimmt, insgesamt wie ein Mann bloß den Kopf um, und – drollig! – bleibt in dieser unbequemen Haltung eine Weile schweigend stehn.

Ich stieg rückwärts wieder hinab und kletterte durch andre grüne Mulden, über Sandgebirg, über Almen, durch Kessel voll Heideflieder, der lichter glüht als die verschlossene Erika, und abermals durch verlassene Hochmulden zum letzten offenen Seehang.

Immer das gleiche Gefühl: Kein Mensch – aber zwei Meere. Das enge, stille, mit den versunkenen Städten, und das große, das die Fluten nach Schottland trägt.

Viermal jagt ein Hase in Gewaltsätzen davon. In andren Mulden sah ich wieder Seevögel, wieder Schafe. Auf diesem verlassenen Eilandsgebirg frißt sich die Kreatur satt in einsam salziger Luft, was soll Hund oder Hirt? Die Schafe fliehen nicht, denn das Meer umgibt sie.

Aus fernen Mulden klettert jetzt wieder eine Schar empor, der schwarze Hammel voran, eins hinter dem andern, so schreiten sie auf dem Grat entlang – absonderlich, wie sich ihr Umriß gegen diesen Himmel abhebt, so daß sie unerwartet groß erscheinen. Man staunt. So ziehn sie langsam vorwärts. Das Geschrei der verborgenen Vögel erfüllt, sättigt, schwellt die einsame Luft.

Und ich stehe zwischen den Meeren, fühle mein Herz klopfen – und atme.

Herbst auf der Insel

Ein letztes Auge schmiß ich vom Fahrzeug zu den Fenstern des zweistöckigen Häuschens empor, hinter denen ich nach den Sternen und Schiffslichtern geäugt hatte. Ein Asylchen in der Höh'. Ein schmunzliges Versteck.

Dann ging es (zum wievielten Mal in diesem Leben?) nach dem Frieseneiland. Und zum wievielten Mal kamen dieselben Vorstellungen?

Nirgends fühlt sich der Mensch so wohl wie auf einer schmalen Insel mit Dünenhochtälern und Möwennistungen zwischen zwei Meeren, mit Salzluft und braunviolettem Heidepelz, mit geduckten Friesenhäuschen,

von Steinwällen umhegt, mit einem gelben Mond darüber, einem einsamen Leuchtturm und stillen, feinen,
nordwestdeutschen Menschen – unbäurischen Bauern.
Ich merke das in jeder Jahreszeit wieder.

Nirgends wird einem der Hauch des Alls (darf man
dies Gleichnis wagen?) so aufs Butterbrot geschmiert.
Fortwährend kommt einem der Gedanke, wenn man
in dieser klippigen Riesennatur in die rollenden Wasser starrt: Du, der hier atmet, siehst vor dir den einen
Blutstropfen mit den Trillionen Bakterien, zu denen
du gehörst und über den hinaus wir nicht sehn können ...

Hier schwankt der Blutstropfen bei der Bewegung
des großen Tiers, in das du eingeschlossen bist. Der
Winter und der Sommer ist sein Herzschlag; und
wenn alle vierzig Jahrtausend eine Eiszeit kommt, ist
ihm schläfrig zumute geworden – dem unbekannten
Tier, in das du eingeschlossen bist gleich der Trichine
im Schwein; gleich der Bakterienschar in jedem deiner eignen Blutstropfen.

Nirgends wird einem das, wie gesagt, so aufs Butterbrot geschmiert. Kein Gebirge schafft ein Ewig-
keitsgefühl wie diese rollenden Wasser. Und keine Luft
eine Seligkeit wie diese Salzluft – denn wenn du dir
die Lippen leckst und Scharfes schmeckst, so ist es das
Blut deines Tiers, mit dem du lebst und stirbst ...

Solche Stimmungen schafft das herbstliche Weilen auf der Frieseninsel, in ihrem verlassenen Norden, wo, leidlich fern von Menschensitzen, ein einsames Haus an der brüllenden Brandung steht.

—— ALFRED KERR

DIE HAND

Öffnest du deine Hand
legt sich Abendkälte hinein

es floss auch schon einmal das Meer
durch diese Furchen —
noch immer sehe ich seine Salzkristalle

doch nie saß eine Amsel
in deiner hohlen Hand.

—— REBECCA STELTNER

PER PHANTASIE NACH BORKUM

Hermine sagte mir, sie wollte,
dass ich ihr mal was dichten sollte. –
Ich sagte ja! Und also hüh!
fährt jetzt mein Geist per Phantasie
nach Borkum, legt sich auf die Düne
und dichtet was für die Hermine.

Von einer Düne sieht man weit. –
Das Meer ist voller Flüssigkeit.
Das Ostland ist an Möwen reich.
Die jungen Möwen hat man gleich;
Die Eltern aber schrein und tüten
und schweben über unsern Hüten.
Hier ist der Entoucas zu loben,
nicht aller Segen kommt von oben.

Zu Upholm wird ein Schaf gemelkt.
Die Kuh will Futter, wenn sie bölkt.
Der Kuhhirt sammelt viele Kühe
durch lautes Tuten morgens frühe,
die weckt den Fremden unvermutet,
so dass er fragt, wer da so tutet? –

Am Strande aber geht man froh
erst so hin und dann wieder so;
man sieht ein Schiff, tritt in die Qualle,
hat Hunger, steigt in diesem Falle
zur Giftbutike kühn hinauf,
erwirbt ein Butterbrot durch Kauf
und schlürft, wenn man es nötig hat,
den vielberühmten Dorenkat;
ein Elixier, was, notgedrungen,
durch ein Malör dazu gezwungen
vor hundert Jahren hierzuland'
der Priester Dorenkat erfand.

—— WILHELM BUSCH

BORKUM

Dort im Herbst
Ist die Sonne eine Insel
Ich kam

Hart schlug ich die Glocke am Steg
Mit meinem rostigen Herzen
Rief ich die Fähre
Den algengrünen Himmel herab
Und wußte die Losung noch
Wußte das Wort
Las es aus
Der Gänse Flug
Einer liebt mich
Er wird sterben übers Jahr
Der Fährmann höhnt
Noch heut seiner Fracht
Beim Birnenschnaps
Nachts um halb zehn

Denn nie kam einer
Zur Sonne gefahren dort
Der nicht eine Handvoll totes
Laub unterm Herzen trug

—— KARLA REIMERT

PLATSCH!

Auf Borkum, ganz am Strand entlang,
da klebt an jeder Buhne Tang.
Die Leute finden das nicht toll,
sie fragen sich, was das denn soll.
Sie wolln gern auf der Buhne stehn,
um über's weite Meer zu sehn.
Doch der Tang, der glitscht zu sehr
und manchmal fällt ein Mensch ins Meer.
Außer es ist Ebbe, statt
dessen fällt er dann ins Watt!

—— GITTA UND UDO FRANKEN

NORDERNEY

Ich liebe das Meer wie meine Seele.

Oft wird mir sogar zumute, als sei das
Meer eigentlich meine Seele selbst ... Geht
man am Strande spazieren, so gewähren
die vorbeifahrenden Schiffe einen schönen
Anblick. Haben sie die blendend weißen
Segel aufgespannt, so sehen sie aus wie
vorbeiziehende große Schwäne. Gar besonders schön ist dieser Anblick, wenn die
Sonne hinter dem vorbeisegelnden Schiffe
untergeht und dieses, wie von einer riesigen
Glorie, umstrahlt wird.

—— HEINRICH HEINE

HELGOLAND

Dabei ist der hohe und steile, an drei Seiten vom Meere bespülte Felsen ... wegen seiner mürben, zwischen den Fingern zerreiblichen Substanz durch die Witterung vom Gipfel zum Fuß zerspalten und zerrissen ... Die Besorgnis, den Felsen ganz sich auflösen und zusammenfallen zu sehen, hat den Rat schon längst die Notwendigkeit einer Abdachung empfinden lassen ... Gegen Südosten befindet sich noch ein kleines dünenartiges Vorland oder Unterland, auf dessen höchstem Punkt, dicht an der Felswand, noch fünfzig Häuser angenistelt sind, aber die Flut, sooft sie eintritt, überschwemmt diese Düne, und bei Stürmen und Ungewittern droht das Wachstum derselben die Häuser, die darauf befindlich sind, gänzlich hinwegzuspülen.

—— HEINRICH VON KLEIST, 1810

STURM AUF DER NORDSEE

Ich bin in diesem Augenblick wie zerschlagen, die ganze Nacht habe ich auf der Nordsee herumgeschwommen, ich wollte nach Helgoland reisen, doch in der Nähe dieser Insel musste der Kapitän umkehren, weil der Sturm gar zu entsetzlich war. Es hat ganz seine Richtigkeit mit dem, was man von der Wildheit des Meeres sagt. Es soll einer der wildesten Stürme gewesen sein, die See war eine bewegliche Berggegend, die Wasserberge zerschellten gegeneinander, die Wellen schlagen über das Schiff zusammen und schleudern es herauf und herab, Musik der Kotzenden in der Kajüte, Schreie der Matrosen, dumpfes Heulen der Winde, Brausen, Summen, Pfeifen, Mordspektakel, der Regen gießt herab, als wenn die himmlischen Heerscharen ihre Nachttöpfe ausgössen, – und ich lag auf dem Verdecke, und hatte nichts weniger als fromme Gedanken in der Seele. Ich sage dir: obschon ich im Winde die Posaunen des Jüngsten Gerichts hören konnte und in den Wellen Abrahams Schoß weit geöffnet sah, so befand ich mich doch weit besser, als in der Societät mauschelnder Hamburger und Hamburgerinnen.

—— HEINRICH HEINE, 1823

ÜBERFAHRT NACH HELGOLAND

Wir hatten konträren Wind und brauchten deshalb zur Überfahrt etwas länger Zeit, wie gewöhnlich; gegen sechs Uhr abends taucht der rötlich gesprenkelte Fels aber vor uns auf. Denken Sie sich einen kolossalen steinernen Würfel, notdürftig mit Erde bedeckt, so dass Kartoffeln und Rüben eben gedeihen, überall steil abschüssig, vielfach zerklüftet und zersägt, so haben Sie Helgoland vor sich ... Mit begünstigte das Wetter ausnehmend – es veränderte sich jeden Augenblick, und so hatte ich Gelegenheit, Insel und Meer während meines kurzen Aufenthalts in allen möglichen Schattierungen kennenzulernen.

—— FRIEDRICH HEBBEL, 1853

ABENDDÄMMERUNG

Am blassen Meeresstrande
Saß ich gedankenbekümmert und einsam. –
Die Sonne neigte sich tiefer, und warf
Glührote Streifen auf das Wasser,
Und die weißen, weiten Wellen,
Von der Flut gedrängt,
Schäumten und rauschten näher und näher –
Ein seltsam Geräusch, ein Flüstern und Pfeifen,
Ein Lachen und Murmeln, Seufzen und Sausen,
Dazwischen ein wiegendliedheimliches Singen –
Mir war, als hört' ich verschollne Sagen,
Uralte, liebliche Märchen,
Die ich einst, als Knabe,
Von Nachbarskindern vernahm,
Wenn wir am Sommerabend,
Auf den Treppensteinen der Haustür,
Zum stillen Erzählen niederkauerten,
Mit kleinen, horchenden Herzen
Und neugierklugen Augen; –

Während die großen Mädchen,
Neben duftenden Blumentöpfen,
Gegenüber am Fenster saßen,
Rosengesichter,
Lächelnd und mondbeglänzt.

—— HEINRICH HEINE

ÜBER DIE HEIDE

Über die Heide hallet mein Schritt;
dumpf aus der Erde wandert es mit.
Herbst ist gekommen, Frühling ist weit –
gab es denn einmal selige Zeit?

Brauende Nebel geisten umher;
schwarz ist das Kraut
und der Himmel so leer.
Wär' ich hier nur nicht gegangen im Mai!
Leben und Liebe – wie flog es vorbei!

—— THEODOR STORM

ABSEITS

Es ist so still, die Heide liegt
Im warmen Mittagssonnenstrahle,
ein rosenroter Schimmer fliegt
um ihre alten Gräbermale;
die Kräuter blühn; der Heideduft
steigt in die blaue Sommerluft.

Laufkäfer hasten durchs Gesträuch
in ihren goldnen Panzerröckchen,
die Bienen hängen Zweig um Zweig
sich an der Edelweide Glöckchen,
die Vögel schwirren aus dem Kraut –
die Luft ist voller Lerchenlaut.

Ein halbverfallen niedrig Haus
steht einsam hier und sonnbeschienen;
der Kätner lehnt zur Tür hinaus,
behaglich blinzelnd nach den Bienen;
sein Junge auf dem Stein davor
schnitzt Pfeifen aus dem Kälberrohr.

Kaum zittert durch die Mittagsruh
ein Schlag der Dorfuhr, der entfernten;
dem Alten fällt die Wimper zu,
er träumt von seinen Honigernten.
– Kein Klang der aufgeregten Zeit
drang noch in diese Einsamkeit.

—— THEODOR STORM

HUSUM

Die Stadt

Am grauen Strand, am grauen Meer
und seitab liegt die Stadt;
Der Nebel drückt die Dächer schwer,
und durch die Stille braust das Meer
eintönig um die Stadt.

Es rauscht kein Wald, es schlägt im Mai
kein Vogel ohn' Unterlass;
die Wandergans mit hartem Schrei
nur fliegt in Herbstesnacht vorbei,
am Strande weht das Gras.

Doch hängt mein ganzes Herz an dir,
du graue Stadt am Meer;
der Jugend Zauber für und für
ruht lächelnd doch auf dir, auf dir,
du graue Stadt am Meer.

—— THEODOR STORM

AMRUM

weit über der wölbung aus sand
letzte krähen, gefiedertes schwarz der wörter
im ausläufer des sturms

du schlägst dich vor
ins gedächtnis der dünen, weiße serifen
flüchten ins überschüssige grün

kein gedanke an die schläfrigkeit
der wiesen und an den irrsinn der tannen
auf dem rückgrat der insel

mit ihren aufs wasser gewebten schatten
schreibt der winter jetzt
ein sich ins logbuch der zornigen zeit

—— FERDINAND BLUME-WERRY

EINE UNHEIMLICHE
GESCHICHTE

Der lange Peters kommt wie ein Besessener ins Dorf zurückgerannt. Schon von weitem fuchtelt er mit den überlangen Armen in der Luft.

Die Frau Pastorin wirft gerade zufällig einen Blick aus dem Küchenfenster. Wie sie den langen Peters daher rennen sieht und mit den Beinen werfen und den Händen winken, da fällt ihr vor Schreck der Schöpflöffel aus der Hand. Die Frau Pastorin ist in anderen Umständen. Der jähe Schreck fährt ihr siedend heiß durch die Glieder. Totenbleich sinkt sie auf die Holzkiste am Herd. Mit der einen Hand hält sie den schmerzenden Leib, mit der anderen tastet sie zitternd und krampfhaft längs der Wand. Die bebenden Finger werfen das Salzfaß vom Nagel, daß es klirrend zerspringt und das weiße Salz sich mit dem grauen Staub vor dem Herd vermengt. Ihre Augen starren weitgeöffnet und angsterfüllt ins Leere.

Der lange Peters rennt unterdessen durch das Dorf und brüllt alles heraus. Die langen Beine wirft er hinter sich und mit den Armen schlenkert er wie mit Windmühlenflügeln. Dabei brüllt er, was ihm aus der Lunge geht.

Aus allen Türen stürzen die Frauen dem langen Peters nach. Der aber läßt nicht ab, bis er alle Straßen durchrannt hat. Dann steht er mitten auf dem Dorfplatz, bleich und keuchend vor Anstrengung.

Um ihn die neugierigen, ungeduldigen Frauen.

Was es gibt? Ja, was es gibt? ... Ja ... Was? ... Was? ...

Ein Meerweib haben sie gefangen, die Fischer, unten am Strand ... und sie liegt im Sand und kann nicht fort ... das Wasser hat sie ans Land gespült ... und sie hat einen Fischschwanz und grünes Blut ... und sie liegt noch unten ... und alle sollen kommen, sie ansehen.

Da fahren die Frauen auseinander und in Hauben und Tücher, und in wenigen Augenblicken geht der ganze Zug im Laufschritt zum Dorf hinaus. Hintennach humpelt, so schnell sie die alten Füße tragen wollen, die kleine, vertrocknete, über hundertjährige Großmutter von Peters. An der Hand führt sie den kleinsten Urenkel, der noch nicht recht laufen kann und fortwährend umkippt.

Der Wind bläst in die Röcke und Tücher der Frauenzimmer, daß das Zeug wie lose Segel hintennach flattert.

Von der hohen Düne sehen sie schon unten die dunkle Gruppe der Fischer. Die stehen in einem Knäuel beisammen und betrachten etwas, das in ihrer Mitte liegt.

Jetzt teilen die Frauen den Kreis der herumstehenden Männer und da liegt das Meerwunder vor ihnen.

Halb Weib, halb Fisch ... Ein kleines, blasses Gesicht mit blauen, geängstigten Augen, die voll tödlichen Grauens von einem zum anderen wandern. Schweres, feucht-blondes Haar um die Schultern. An den knospenden, jungen Brüsten zittern im stürmischen Heben und Senken kleine Wassertropfen.

Aber wo bei Menschenkindern die Beine beginnen, leuchtet ein zartes, rosarotes und grünes Geschupp. Und immer dichter werden die glänzenden Schildchen, bis sie sich eng aneinanderschließen und den walzenförmigen Unterleib bedecken bis wo er in einer Fischflosse endet. Über das Schwanzende aber, dicht unterhalb der Flosse, geht querüber ein greulicher Schnitt klaffend und tief. Die Flosse ist nur durch ein schmales Band noch mit dem Leib verbunden. Aus dem Schnitt quellen langsam und träge große, schwere Tropfen grünen Blutes. Ringsumher ist der Strand grün gefärbt.

Eine messerscharfe Strandklippe muß das Meerweib verwundet und eine Welle die Hilflose an den Strand gespült haben.

Im Kreise stehen die Fischer und die Frauen und Kinder und schauen mit dummen Augen auf das Wunder.

Dann löst sich langsam der Bann. Was bedeutet das? Was bedeutet das? Was soll man mit ihr anfangen? ...

Einer schlägt vor, sie an Stricken in das Dorf hinauf zu schleifen. *Nein, nicht ins Dorf*, zetern die Frauen.

Der Pastor soll raten! Einer soll den Pastor holen! Und der Peters mit seinen langen Beinen rennt zum Pastor.

Die andern schreien weiter durcheinander. Ein Gewirr von Fragen. Eine Antwort weiß keiner.

Die blauen, müden und todesängstlichen Augen des Meerweibes irren von einem zum andern. Endlich heften sie sich auf den Jens.

Der flachsköpfige, breitschultrige Jens hat sich in die erste Reihe gedrängt. Er fragt nichts, er antwortet nicht, er schaut nur stumm und starr auf das Meerweib zu seinen Füßen.

Ihre irrenden Augen haben einen Ruhepunkt gefunden und umklammern mit bebendem Blick seine Gestalt. Da treffen ihre suchenden Blicke die seinen ... und wie schamhaft und scheu greifen ihre kleinen, bleichen Hände in den schweren feucht-blonden Haarmantel und breiten ihn über die zarten, jungen Brüste.

Die beiden hören gar nicht, wie die Stimmen und Fragen um sie durcheinander schwirren. Der reiche

Klaas hat den Vorschlag gemacht, das Teufelszeug einfach zu erschlagen und wieder in das Meer zurückzuwerfen. Damit sind die Frauen alle einverstanden, und die Männer wollen zu ihren Booten laufen und die Ruder holen.

Da richtet sich der Jens aus seinem Schweigen auf.

Das Weib wird nicht erschlagen, erklärt er mit seiner tiefen Stimme. Das wird er mitnehmen und ausheilen; und wenn sie gesund ist, wird er sie wieder ins Wasser lassen.

Aber Jens – schreit seine Mutter aus der Menge.

Und es sei dem Jens alles eins, was die andern sagen. Wenn man die Tiere nicht martern dürfe, wie der Herr Pastor sage, so müsse man wohl auch der da helfen, die doch zur Hälfte Mensch sei.

Die Frauen erheben darüber ein großes Gezeter. Und Jens' Mutter fängt an zu weinen.

Der Pastor würde ihm schon recht geben, meint der Jens.

Da kommt der Pastor, schreien einige, und der Pastor tritt auch schon in den Kreis.

Er ist sehr erregt und seine Beine schlottern. Die Hände zittern und auf seiner Stirn steht der Angstschweiß. Seine Frau windet sich daheim in Schmerzen.

Was es gibt?

Der Jens, der Jens ... schreien alle.

Der Jens erklärt dem Pastor, was er vorhat.

Der aber fährt sich mit dem Handrücken über die Stirn, als wolle er sich besinnen. Dann beginnt er zu sprechen, hastig und abgebrochen.

Was der Jens vorhabe, dürfe er in seiner Gemeinde nicht dulden. Alles Mitleid und alle Nächstenliebe gehe nur auf Gottes Geschöpfe. Die da aber sei ohne Zweifel ein Geschöpf des Teufels, und da wäre es übel getan, sich solch Teufelswerk mit ins Dorf zu nehmen.

Erschlagen, erschlagen, ruft der Klaas und noch einige andere mit ihm.

Der Pastor aber meint, er sei auch nicht für das Erschlagen. Man solle das Meerweib ruhig liegen lassen; sei sie ein Blendwerk der Hölle, so werde sie wieder verschwinden, und sei sie ein Fisch, so werde sie die Flut schon wieder ins Meer mitnehmen.

Jetzt aber sollen sie alle auseinandergehen und ihre Arbeit aufnehmen und das Meerweib in Ruhe lassen.

Dann drängt sich der Pastor wieder durch den Kreis davon und eilt mit langen Schritten nach Haus.

Langsam zerstreuen sich die Leute.

Nur der Jens bleibt zurück. Mit gesenktem Kopf sieht er auf das Weib nieder. Ihre blauen Augen sind ruhiger und stiller geworden. Dank und Vertrauen ist in ihnen. Sie weiß, daß er für sie gesprochen hat.

Da rüttelt eine derbe Faust an Jens' Schulter. *Komm* ... Der Vater steht neben ihm. Aber Jens schüttelt bloß den Kopf. Er will dableiben. Aber der Vater rüttelt stärker. Die rote Wut steigt ihm zu Kopf. Er droht ... Da greift Jens mit seinen eisernen Fingern nach der Faust auf seiner Schulter, daß die Gelenke knacken.

Die beiden Männer starren sich ins Gesicht. Aber ... da sieht Jens auf der Düne die Mutter. Ihre Röcke und das Kopftuch flattern und jammernd ringt sie die Hände.

Da läßt Jens die Hand des Vaters fahren und geht aufwärts dem Dorf zu. Er fühlt die Blicke des armen Weibes, wie sie sich fragend und flehend an ihn heften ... aber er geht weiter, immer weiter, dem Dorf zu ...

Über die schmale Mondsichel huschen die Wolken. Das Meer geht hohl. Sein Brausen tönt bis ins Dorf. Dort ist längst alles finster. Nur im Haus des Pastors ist hinter den roten Fenstergardinen Licht. Ein matter roter Schimmer liegt in dem kleinen Vorgarten. An dem Staketenzaun schleicht eine Gestalt vorbei – Jens.

Einen Augenblick hält er und sieht nach dem erleuchteten Fenster hinüber. Er weiß, daß da eine Frau mit dem Tode ringt. Er beißt die Zähne zusammen und murmelt einen grimmigen Fluch.

Dann geht's beim Dorf hinaus und über die Düne hinunter. Auf dem weißen Sand liegt ein dunkler Fleck ...

Das Meerweib hört die Schritte. Sie hebt müde den Kopf. Und da kniet auch Jens schon neben ihr nieder und spricht zu ihr mit sanften, guten, mitleidigen Worten. Er weiß, sie versteht ihn nicht. Aber der Klang muß ihr wohltun.

Ihre fieberheißen Hände haben sich in die braunen Fäuste des Burschen versteckt.

Dann beginnt sie zu singen, leise und trüb, Worte in einer fremden Sprache. Wie dicke, graue Nebel über einsamen Felsinseln – so dumpf und schwer sind die Töne – und so unendlich traurig.

Jens lauscht ... und er weiß nicht, daß ihm die Tränen über das Gesicht rollen.

Dann besinnt er sich. Er hat Speisen mitgebracht, Brot und Fische, und bietet sie ihr an.

Aber sie schüttelt nur den Kopf. Und dann singt sie wieder.

Jens kniet bei ihr und hält ihre Hände in den seinen, bis die Sterne erblassen und der Morgenwind beginnt.

Da erhebt er sich und sieht sie noch einmal an: *Ich komme wieder.*

Und sie versteht die fremden Worte und das Versprechen, und ihr Blick ist mild und ruhig, wie er die Düne hinan steigt.

Den ganzen Tag über ist im Dorf große Unruhe. Mit leisen, scheuen Schritten gehen die Leute um das Haus des Pastors, wo die Fenster mit den roten Gardinen verhangen sind und es so totenstill ist. Einige wollen ersticktes, wie in Kissen hineingebissenes Schreien und Wimmern gehört haben. Um Mittag ist der Pastor im Garten hinter dem Haus gestanden und hat regungslos auf den fernen Streifen Meer hinabgesehen, mit der langen Pfeife in der Hand. Und dann hat er plötzlich wie ein Rasender mit dem Kopf der Pfeife in die Glaskugel auf einem Rosenbäumchen geschlagen, daß die Splitter nach allen Seiten gespritzt sind, und ist ins Haus zurückgelaufen.

Es liegt etwas Unheimliches in der Luft.

Im Haus des Jens war am frühen Morgen Lärm. Der Vater hat vom Nachtwächter erfahren, daß der Jens unten am Strande war. Und es ist zum Streit gekommen, und der Jens hat die Hand gegen den Vater erhoben und ihn gegen den Ofen geschleudert, daß der Kopf des Alten ein tüchtiges Loch erhalten hat. Aber schließlich hat der Alte den Jens doch überwältigt und ihn über die Stiegen hinaufgetragen wie ein Kind und in seine Kammer gesperrt.

Im Dorf ist ein wildes Murren gegen das arme, verlassene Meerweib unten am Strand. Einige junge Burschen waren unten und berichten, daß sie auf dem Sande liege, regungslos, mit geschlossenen Augen. Nur am leichten Atmen hätten sie gemerkt, daß sie noch lebe. Sie hätten sie necken und mit Sand bewerfen wollen, aber die Lust dazu wäre ihnen vergangen, wie sie in das bleiche sterbende Gesicht gesehen.

Aber die Alten machen das Weib doch verantwortlich für all das Friedenstörende heute im Dorf.

Der reiche Klaas meint, es wäre besser gewesen, wenn man das Teufelszeug gleich gestern erschlagen hätte.

Und dann, am späten Abend erfahren die Leute, daß die Frau Pastorin ein totes Kind zur Welt gebracht habe. Das Kind habe einen unförmigen Wasserkopf und an den verkrüppelten Füßen einen rötlichen und grünen, metallischen Schimmer wie Fischschuppen. Und die Frau Pastorin müsse sterben, rettungslos.

Da faßt die Leute eine große Wut, sie wollen gleich hinunter zum Strand und das Meerweib erschlagen, denn sie ist doch daran schuld. Aber die Nacht dunkelt herein, und die Beherztesten weht es vom Meer so eisig an, daß sie umkehren. Morgen ... bei Tageslicht ... in der Frühe.

Wie es ganz finster geworden ist und im ganzen Dorf kein Licht mehr brennt – nur das traurige Flackern hinter den roten Gardinen im Pastorhaus ist noch wach – steigt der Jens aus dem Kammerfenster.

Wie eine Katze. Lautlos und vorsichtig. – Nur die breiten Schultern machen im engen Fensterrahmen Mühe. Aber es gelingt. Jens drückt sich durch – und dann ein Sprung auf den weichen Rasen vor dem Haus. Von der Wucht des Falles knickt Jens zusammen, aber er rafft sich wieder auf. Wie er an dem rot verhangenen Fenster des Pastorhauses vorüberrennt, ballt er die Fäuste und knirscht einen wilden Fluch zwischen den Zähnen.

Und das Meerweib weiß, daß er kommen wird. Sie richtet sich auf den Armen auf und streckt ihm den Kopf entgegen. Und Jens küßt die blassen Lippen und die tief in die dunklen Höhlen zurückgesunkenen Augen.

Dann singt sie noch einmal. Wie Nebel über einsamem Felsenriff schwimmen die Töne – purpurn grollt dazu das Meer. Dann reißen die Nebelschleier und klar und golden wird ihr Lied. Sonnenschein liegt über der Flut und immer ruhiger und stiller wogt und wallt es ... und schläft dann leise ein.

Das Weib hat Jens' Hand erfaßt und auf ihre Brust gelegt. Und die Hand wühlt sich durch den schweren Haarmantel durch und zärtlich und leicht legt sich die schwere, arbeitsharte Hand auf die zitternden Brüste des Weibes.

Und Jens fühlt das Leben dieses Herzens, wie es mit dem verklingenden Lied immer leiser und leiser wird – und dann – ein letzter, wilder Herzschlag, ein krampfhaftes Greifen nach seinem Arm, und das Weib reckt sich zurück ...

Jens sitzt und starrt in den beginnenden Morgen.

Sein Auge ist trocken. Nicht eine Träne hat er für

seinen tiefen Schmerz. Und doch ist dieser Schmerz so leicht und frei. Nur etwas quält ihn. Er weiß erst nicht, was. Aber jetzt entsinnt er sich. Er hat es wohl gehört, was unten im Zimmer gesprochen wurde. Sie wollen kommen und sie erschlagen.

Aber sie sollen sie nicht finden ...

Mit gewaltiger Anstrengung erhebt er sich. Den Leichnam nimmt er auf seine Arme. Sein Blick brennt fest auf ihrem kleinen, starren Gesicht, von seinem rechten Arm baumelt bei jedem Schritt die zerschnittene Flosse.

So schreitet er ins Meer hinaus. Mit sicherem Sprung setzt er von Stein zu Stein und vom letzten großen Felsblock schleudert er mit mächtigem Schwung den Leichnam hinab.

Ein Aufspritzen und Gurgeln – und die Ebbe führt den Körper fort ...

Wie Jens wieder auf dem Strand ankommt, hört er schon von oben, von der Düne, die Stimmen der Männer aus dem Dorf.

Er weiß sofort: Einige sind angetrunken. Das heisere, blecherne Gelächter kennt er schon.

Sie sollen ihn nicht sehen.

Er legt sich platt in eine Dünenfalte und läßt den Zug vorüber.

Im Morgengrauen sieht er fast alle Männer und Burschen des Dorfes mit Stöcken, Knütteln und Rudern. Einige sind betrunken. Dem Zug voran schreitet Jens' Vater mit dem weißen Tuch um den zerschlagenen Kopf. Die Faust krampft sich um ein großes Beil. Auch er ist betrunken. Die Augen blutunterlaufen, das Gesicht gerötet.

Endlich sind sie vorbei. Jens jagt die Düne hinauf. Auf dem halben Weg zum Dorf hört er hinter sich wütendes, enttäuschtes Geschrei.

Jens rennt weiter. Er will das Dorf und seine Kammer erreichen, ehe die Männer zurückkommen. Sie sollen nicht wissen, was in dieser Nacht vorgegangen ist.

Wie Jens am Haus des Pastors vorbeikommt, sieht er alle Fenster weit offen.

Er weiß jetzt, die Frau da drin hat ausgelitten. Und er drückt sich gegenüber an den Häusern vorbei und knirscht durch die zusammengebissenen Zähne einen wilden Fluch.

—— KARL HANS STROBL

DAS FRÄULEIN AM MEERE

Das Fräulein stand am Meere
Und seufzte lang und bang,
Es rührte sie so sehre
Der Sonnenuntergang.

Mein Fräulein! Sein Sie munter,
Das ist ein altes Stück;
Hier vorne geht sie unter
Und kehrt von hinten zurück.

—— HEINRICH HEINE

MEERGRUSS

Sei mir gegrüßt, du ewiges Meer!
Wie Sprache der Heimat rauscht mir dein Wasser,
wie Träume der Kindheit seh ich es flimmern
auf deinem wogenden Wellengebiet,
und alte Erinnerung erzählt mir aufs neue
von all dem lieben, herrlichen Spielzeug,
von all den blinkenden Weihnachtsgaben,
von all den roten Korallenbäumen,
Goldfischchen, Perlen und bunten Muscheln,
die du geheimnisvoll bewahrst,
dort unten im klaren Kristallhaus.

—— HEINRICH HEINE

AN DER NORDSEE

Ganz besonders wunderbar wird mir zumute, wenn ich allein in der Dämmerung am Strande wandle – hinter mir flache Dünen, vor mir das wogende, unermessliche Meer, über mir der Himmel wie eine riesige Kristallkuppel – und erschiene mir dann selbst sehr ameisenklein, und dennoch dehnt sich meine Seele so weltenweit.

—— HEINRICH HEINE

NEBEL AM WATTENMEER

Nebel, stiller Nebel über Meer und Land.
Totenstill die Watten, totenstill der Strand.
Trauer, leise Trauer deckt die Erde zu.
Seele, liebe Seele, schweig und träum auch du.

—— CHRISTIAN MORGENSTERN

MEERESSTRAND

Ans Haff nun fliegt die Möve,
und Dämmerung bricht herein;
über die feuchten Watten
spiegelt der Abendschein.

Graues Geflügel huschet
neben dem Wasser her;
wie Träume liegen die Inseln
im Nebel auf dem Meer.

Ich höre des gärenden Schlammes
geheimnisvollen Ton,
einsames Vogelrufen –
so war es immer schon.

Noch einmal schauert leise
und schweiget dann der Wind;
vernehmlich werden die Stimmen,
die über der Tiefe sind.

—— THEODOR STORM

MORGEN AUF DER NORDSEEINSEL

Ein seliger Morgen ist zugereist:
Die Austernfischer flügeln und klagen.
Er liegt vor dem wehenden blauen Geist
Wie auf die Kniee hingeschlagen.
»Ich heiße, wie du selber heißt,
Steh auf und schwebe mit mir!«

Und von der Herrlichkeit umweht,
Auf der Wiese uns zu Füßen
Zum kleinen Haus im Dach aus Reth
Kommt wie aus Hellas die Reiterin grüßen.
Dann klopft sie das Pferd im Seefliederbeet.
»Nun, Fiete, schwebe mit mir.«

—— OSKAR LOERKE, 1937

BLÜHENDE HEIDE

O blühende Heide, welken wirst du müssen!
Du Sternenantlitz, musst du auch vergehn?
Es gäb ein anderes Glück, als dich zu küssen,
und andre Wünsche, als dich anzusehn?

Ihr Seelenaugen, warmes Licht der Liebe,
erlöschen sollt ihr? Nie mehr widerspiegeln
die goldne Bläue über diesen Hügeln?
Du wärst dahin, und Erd' und Himmel bliebe?

—— RICARDA HUCH

EIN BRIEF AUS FÖHR

Insel Föhr, 3. Juli 1905

Liebe Lene,

nun sollst Du die erste sein, die aus Föhr etwas von mir erfährt. Vorgestern, Freitagnachmittag, bin ich bei heftigem Wind von Schleswig-Holstein herüber angekommen und schon ganz verliebt in die Insel. Sie mutet mich durch ihre Bewohner wie ihre Landschaft heimatlich an, und darf es wohl, da ich ja im zweiten Gliede von der Waterkant stamme.

Dazu hat mich ein glücklicher Zufall in eines der mehr im Innern liegenden Friesendörfer verschlagen, wo mir infolge gemeinsamer Unterstützung meines hiesigen Doktors und der friesischen Dichterin Stine Andresen, die ein Haus weiter wohnt, das »gute Stübchen« einer älteren Witwe eingeräumt worden ist, ein Schmuckstück von Sauberkeit und Nettigkeit. Vor der Front des einstöckigen Häuschens stehen fünf alte Erlen, durch die man auf die Marschen hinaussieht. Und diese Marschen, flaches Weideland, unendlich scheinend wie das Meer und mit seinem verstreuten Vieh von tiefem Reiz, scheinen meine besondere Liebe werden zu sollen. Sie haben eine entfernte Verwandtschaft mit Teilen der römischen Campagna, aber sie

haben dazu noch die Stimmung einer ewigen Gefähr-
detheit durch das Meer und sie sind deutsches Land.

Links von mir hat ein alter Kapitän sein kleines
Haus, der dreißig Jahre auf allen Meeren gefahren ist,
und mit dem ich schon eine Schachpartie (!) verab-
reden durfte. Rechts ist eine einfache Wirtschaft mit
einer Wirtsstube, die Ihr sehen müßtet. Niedrig, alles
braunes Holz, dicke Deckenbalken, quadratische Fenster, quadratische Tische, das Ganze in Form eines
Winkelmaßes. Die Küche mit Bodenplatten aus nor-
wegischen Felsen und einem Friesenkamin, in den
nur jetzt ein sogenannter Sparherd hineingesetzt ist.
Das Haus ist 1755 von einem Kapitän erbaut. Die
Föhringer selbst scheinen ein vortrefflicher Menschen-
schlag zu sein. Unter den Frauen sieht man viel frische Anmut, fast alle haben sie prächtiges Haar, dessen kranzartig auf dem Hinterkopf ruhendes Geflecht
malerische schwarze Kopftücher umrahmen, aber
nicht bedecken, und blendend weiße Zähne.

Vom Sanatorium (in dem ich zunächst nur zwei-
tes Frühstück, Mittagbrot und Nachmittags-Kakao
einnehme), bin ich gesegneterweise zwanzig Minuten
entfernt. Die Zwischenzeiten (dieser Mahlzeiten) soll
ich vorläufig auf einem Korbliegestuhl am Strande
verbringen. Die See ist freilich nicht so gewaltig wie
bei Sylt, aber man wird auch ihre stilleren Reize

schätzen lernen. Als ich sie vom Damm von Dagebulli nach acht oder neun Jahren zum ersten Mal wieder-sah – ich meine just diesen charakteristischen Teil um die Inseln und Halligen – versagte mir doch einen Augenblick der Atem. – Freut Euch auch des kurzen »fern von Madrid« wie ich! Hoffend nun bald auch von Euch eine Regentagepistel zu erhalten mit herz-lichsten Grüßen an Euch alle

Dein Christian

—— CHRISTIAN MORGENSTERN,
BRIEF AN HELENE FEHDMER-KAYSSLER

EIN AST

Ein Ast,
sandgeschliffen, dazu Federn,
vom Wind getragen.
Matt schlägt die See an.
Das Glück, so heißt es,
ist eine Fundsache.

—— GÜNTER GRASS

FREI

Ich lebe leuchtend auf dem Mond
Ich schlafe im Heidekrater
Ich decke mich mit Wolken zu
Leih mir Schaumkronen vom Meer
Und trage das Windkleid
Eine Dünenkette begrenzt meinen Mond
Und die in den Hütten
Mit Dach überm Kopf
Schützen meine Wildheit
Ein gehütetes Feuer

—— CHARLOTTE UECKERT

EIN ABEND AM SANDWALL IN WYK

Der Sommertag legte den Halsschmuck ab:
Die Perlenkette der Halligwarften versank
In der dunklen Truhe der Nacht.
Wir sitzen am Sandwall von Wyk
Unter den alten, stattlichen Ulmen,
Zuweilen fällt leise ein Blatt
Und streift uns zärtlich. –
Lichtschein, der aus dem Pavillon dringt:
Kurkonzert auf der geliebten, grünen Insel.
Wir harren des Kommenden,
Schwer erkauft erst mit Dixieland-Dröhnen,
Das unsre Ohren nur schmerzen;
Dann folgen sanftere Soli.
Einer spielt auf dem Xylophon,
Leicht, mit federnden Handgelenken –
Bewundernswert, wie er es meistert,
Ohne aufs Blatt zu schauen –
Beschwingt einen wiegenden Walzer.

Schwebfliegen heben und senken sich,
Lassen sich nieder im duftenden Haar
Frisch ondulierter Damen,
Und tanzen, tanzen wahrhaftig
Im Rhythmus der schmeichelnden Klänge.
Wie perlen die Töne durch den Abend,
An dem der Wind längst schlafen ging,
Nur das Fährschiff, das seinen Hafen grüßt,
Dröhnt lautstark dazwischen.
Hin und wieder blinzelt ein Stern
Durch das dunkle Blätterdach,
Und vom Festland drüben blinkt es rot auf:
Das Molenfeuer von Dagebüll. –
So vergeht der Abend, und wir sitzen
Und lauschen. Hand in Hand.
Wir Alten, die jung geblieben sind
Und dankbar für Alles, was diese Wochen
Uns schenken.

—— GEERD SPANJER

61

DAS BILD VON MEINEM FENSTER

Wyk, den 27. August 1891

Das Wetter ist heute schön, d. h. was man so schön nennt; es scheint die Sonne, im übrigen geht ein scharfer Wind und verbietet ein Spazierengehen am Strand, nur im Schutz der Häuserreihe geht es allenfalls. Das Bild von meinem Fenster aus ist nach wie vor entzückend, die breakers, die ihren Schaum ans Ufer rollen, die Boote, die Möven, die auf dem Wasser tanzen, und zahlreiche Kinder in roten und weißen Kappen, die am Strand ihre Festungen bauen. Es ist ein sehr angenehmer Aufenthalt, ohne alles Häßliche oder sonst Störende, nur das Wetter hat es nicht gut mit mir gemeint.

Mit meinem Befinden geht es seit heut' etwas besser; ich mußte verhältnismäßig früh heraus, um F. zu begrüßen und über den Pier hin bis ans Schiff begleiten zu können, d. h. bis an den kleinen Dampfer, der dann bis an die mitten im Wattmeer liegende »Cobra« heranfährt und Gepäck und Passagiere umlädt. Immer eine sehr komplizierte Geschichte, die sich, wegen der geringen Tiefe des Wattmeers, selbst bei Flut nicht vermeiden läßt. Der arme F. war während der letzten Tage in einer jämmerlichen Verfassung, furchtbar erkältet, Zahnschmerz, Migräne, so daß er vier Nächte nicht geschlafen hat und halb tot aufs Schiff kam. Er hielt sich aber musterhaft. Die beiden Damen waren dabei groß in jener Grausamkeit, die selbst die liebenswürdigsten ihres Geschlechts so merkwürdig auszeichnet. Eigentlich behandelten sie ihn als komische Figur und schoben alles, mehr oder weniger deutlich, auf »Unmännlichkeit«. Davon konnte aber gar keine Rede sein, im Gegenteil, er benahm sich all' die Tage über wie ein Held; die Knirpse machen so, was immer am besten, und noch bei Zahnweh war er espritvoll. Ich verdanke der Anwesenheit der ganzen Familie sehr viel; ohne sie wäre es hier einfach nicht möglich gewesen, denn ich kann nicht drei Wochen von dem Anblick von Seemöven leben und von Erinnerungen an Robert Burnssche Gedichte: »Am Pier von Dundee tanzt das Boot«, oder so ähnlich.

Und nun lebe wohl und ertrage mein zu frühes Kommen wie so oft, denn ich kann mich kaum erinnern, daß mein Kommen jemals nicht mit einem kleinen Schreck verknüpft gewesen wäre. Erst allmählich finden sich Frauen wieder in die Tatsache, »daß er wieder da ist«. Aber »darum keine Feindschaft nich.«

Wie immer Dein Alter.

—— THEODOR FONTANE, *BRIEF AN SEINE FRAU EMILIE*

DIE DÖRFER DUNKELN

Die Insel Föhr, geziert unter ihren Geschwistern an
der friesischen Nordseeküste mit zwei eigentümlichen
Schönheiten, den bauschönsten Dörfern und den
trachtschönsten Frauen des deutschen Küstenlandes,
hat in ihrer Natur und ihrer Geschichte viele Züge,
die dem Betrachter bedeutsam erscheinen, der das Er-
wachsen einer einsamen künstlerischen Seele in diesem geschlossenen Lebensgebiet überdenkt. Auf keiner
anderen der Nordseeinseln ist die besondere Lebens-
stimmung so wie hier in feinem Klangmaß gemischt
aus Meeresatem und Landzugehörigkeit. Die lässig
schwermütige Unentschiedenheit des schlickgrauen
Wattenmeeres bindet die breitflächige Insel noch an
das Festland; von drüben aber drängt aus der Insel-
öffnung zwischen Sylt und Amrum die grüne Wogen-
wucht der freien Nordsee, weißgipflig schäumend, ihre
Leidenschaft heftig heran.

Vom Inselrande aus faßt der Blick im Süden die
seeverlorenen Halligen, blaue Gebüsche auf der Luft-
wiese des Meeres, dem Wissenden aber ängstige Vor-
werke des Landes, hinausgestoßen in die alle Jahrhun-
derte drohende Verschlingnis der Flut; im Inselinnern
aber vergißt das Auge über Äckergefilden, Heide und

Bauerndörfern fast die Nähe der See. Ein weites Stück Innenland birgt sich im am Meersaume hingedehnten Schutzdeich, immerfort umklungen von seltsamem Getön, vom Anrauschen der Wogen, dem wehmütigen Gepfeif des Strandläufers, dem Schrei der Möwe und dem Gelächter der braunen alten Ziegenböcke, die angekettet am Deichrand grasen.

Das Landinnere ist ein mächtiges Erstrahlen des großen Himmels über der flachen Erdbreite. Weiße Wolken gipfeln sich hoch auf über den hellgraugrünen und gelbgrünen Wiesen der Marsch, und weidende Tiere übersäen die scharfblasse Weite mit buntblitzenden Punkten. In der großen Sehfläche dieses Lichtes stehen alle Einzeldinge klein und fein; aber Nahsicht gibt ihnen vor solcher Raumfülle schärfste Bestimmtheit, klarste Daseinskraft. Nirgends so wie hier leuchten auf dem Gerstenfeld die grün-messingnen Glanzkerne der Körnerzeilen mit blank metallener Schärfe aus der luftdunklen Grünhülle der Grannenstrahlen, blühen die Skabiosen an den Säumen der Sandpfade ein so hellinniges Rosa.

Die Ebene ist baumlos, aber die Dörfer dunkeln als buschige Haine, und der Einzelbaum ist volles Augenerlebnis. Dies Gefühl für die Wucht des Baumes und der Baumreihe, für die architektonische Lebenseinheit von Straße und Baumgang, von Haus und Baum-

stand als Stirnzier hat darum an einem Orte der Insel sich ihr hohes Fest der Auswirkung bereitet und aus
Nieblum das schönste Dorf gemacht, das deutsches
Land heute trägt. In ihrer schlicht-klaren, vernünftig
rechtwinkeligen Wegführung, mit den wohltuenden
Maßen der Häuserabstände über Gärten und Straßen
hinüber, sind alle Föhrdörfer, die Toftum und Old-
sum, Midlum, Wrixum und Boldixum – ihre Namen
mit dem dunkel aufleuchtenden Vollton der altfriesi-
schen Endsilbe feierlich nachwirkende Klangbezeu-
gungen einheitlich uralten, flurgliedernden Bauern-
tums –, sind alle diese Dörfer Anblicke von einer
überraschend schönen Bauwirkung. Die Gestalt des
Friesenhauses, einstöckiger Bau mit torbetonendem
Mittelgiebel im strohgedeckten Steildach, hat nicht
ganz die Bauwucht der schleswigschen dächerschwe-
ren Bauerngroßhöfe, die mit Flügeln um das Hofge-
viert, mit der T-Form von Stirnbau und Stallbau, mit
der Kreuzform sich schneidender Bauteile bei schlicht
sachlicher Zweckgestalt die feierlichsten Formen der
Baukunst, die Grundrisse der Kirche mit Schiff und
Querschiff, des Barockschlosses mit Bauflügeln am
Ehrenhof sich zueignen; aber die schlichte Form des
Friesenhauses ist die bereite Grundlage feiner maleri-
scher Reize. Grünweiße Fensterrahmen stehen in tief-
rotem Ziegelwandwerk; der silbergraue Fellschimmer

und der gründunkel rinnende Mooswuchs der Reet-
dächer geben den Hausreihen weichste Farbenbewe-
gung. Luftzart stehen diese Dächergruppen als Seh-
grund hinter dem Farbenblumenspiel der Gärten mit
ihren Feuerlilien, weißblühenden Erbsen und stengel-
feinen Nelken. Es spricht aus diesen Äußerungen des
Gestaltungswillens der Föhrer Menschen ein einheit-
licher, klar bewußter Formgeist, ein starker Kunstsinn
der Gemeinschaft ...

—— WILHELM NIEMEYER, 1920

DIE LANDSCHAFT AUF FÖHR

Diese Landschaft hat gar nichts Äußerliches, Lautes, sie spricht selbst fast nicht, sie singt höchstens leise an stillen, sonnigen Abenden, wenn das Meer wie ein Spiegel grünblau mit dem Himmel zusammenzuringen scheint, wenn auf den westlichen Wänden der Halligwerften ein leuchtender Schein liegt und die weiten Geesten und klaren Marschen mit ihren zerstreut weidenden Pferden, Kühen und Schafen eine beschauliche Wehmut atmen. Die sanfte Großzügigkeit der Menschen ausgenommen. Alles ist lieblich und gut, schlicht ohne ärmlich zu sein, beschränkt ohne der Weite zu entbehren.

—— CHRISTIAN MORGENSTERN, 1905

NIEBLUM

Nieblum ist ein sehr schönes Dorf, wohl eines der schönsten und größten in den Herzogtümern, zu denen es, von der Straße in zwei Teile geschieden, allerdings nur zur größeren Hälfte gehört. Es hat breite, teilweise gepflasterte Gassen und viele sehr hübsche Häuser, die sämtlich von Bäumen, meist Linden, Ulmen und Eschen, beschattet sind und mit ihrem säubern Anstrich und den bunten Farben, die man zu demselben gewählt hat, lebhaft daran erinnern, daß hier ein Volk von Seefahrern wohnt. Die dunkelroten Ziegelmauern zeigen lichtblaue oder grasgrüne Haustüren und Scheunentore. Die Fensterrahmen, frisch weiß oder hellgrün bemalt, wie einst die Kajüte des Capitäns, der hier Bauer geworden, umfassen viele kleine Scheiben, welche wie eine Mosaik aus den »Skylights« der Schiffe aussehen, die der Capitän früher geführt haben mag. Die Gärten sind mit Geländern vom grellsten Rot oder Weiß umzäunt, wie einst das Dach jener Cajüte. Die vielen Stangen endlich, die mit Windfahnen in der Form von Pfeilen, Hähnen oder Pferden, am häufigsten aber von Schiffen auf der Spitze neben und hinter den Häusern stehen, scheinen anzudeuten, daß der ehemalige Seemann sich in seinem festen Hause noch jetzt vom Winde abhängig glaubt, daß der Wind ihn mindestens noch interessiert, wenn er des Morgens die altgewohnte Himmelsbetrachtung anstellt.

Einzelne Häuser in den Dörfern tragen sogar die Namen, andere die Gallion des Schiffes, womit der Besitzer sie sich verdient, über der Tür. So eines den Löwen von Oranien mit dem Orangenbaum, und so andere geschnitzte und bunt bemalte Frauenbilder. In vielen hängt auch das ganze betreffende Fahrzeug mit Segeln und Wimpeln, Raaen, Masten und Tauen als Miniaturbild von der Decke des Vorsaals herab. Noch deutlicher drückt der Besitzer seinen Charakter als einstiger Seemann und seine Lust an der Vergangenheit im Innern des Hauses aus. Die Wandbetten hinter den Schiebern sind nichts als etwas vergrößerte Kojen. In die Wände sind weiße Steingutplatten eingelassen, die ein Mosaik bilden, welche Scenen der Walfischjagd, spitzhütige Chinesen mit ellenlangen Zöpfen, asiatische Prachtvögel und afrikanische Palmen darstellt. Von der Bretterdecke hängen ausgestopfte Vögel aus Amerika und Straußeneier herab, die Bilder in der Stube bestehen fast nur aus Schiffen, unter denen ihr Name und der des Capitäns, der sie befehligt, zu lesen ist, und in den Glasschränken, welche in den Ecken blitzen, erblickt man ganze Museen

von Andenken aus den fünf Weltteilen: chinesische Götzen, wunderliche Trinkgeschirre, seltsame Dosen, Körbchen und Tabakspfeifen. So vornehm auch manche dieser Zimmer mit ihren eleganten Uhren, ihren hübschen Vorhängen und ihren Mahagonymöbeln ausgestattet sind, immer haben sie einen mehr oder minder erkennbaren Zug von der Cajüte, gegen die sie eingetauscht wurden.

Ähnliches gilt von den Bewohnern dieser Zwitter-
häuser, in denen sich Vergangenheit und Gegenwart,
Seeleben und Landrattenleben zu einem Bilde ver-
schmelzen, an dem ein aufmerksamer Blick, wie behaglich sich auch der Oberleib gebahren mag, gar
leicht den rastlosen Fischschwanz der Phantasie entdeckt, welche sie innehat. Der Capitän hat zum letzten
Mal Anker geworfen. Erst der Tod wird sie ihn wieder lichten heißen. Er hat seiner Bark oder Brigg Va-
let gesagt. Er hat auch dem »brandy and water« Va-
let gesagt, den Seeleute oft mehr lieben lernen, als sie
es vor Gott und ihrem Reeder verantworten können.
Er ist entschlossen, ein stetiger, seßhafter, nüchterner
Ehemann zu werden. Und er wird einer. Fast nie sieht
man einen Föhringer betrunken, »'s ist ein dänischer
Kerl«, heißt es, wenn man auf Ausnahmen von der
Regel stößt, und in der Tat sind es auch fast nur die
aus Jütland einwandernden Knechte, die sich zuweilen solche Ausschreitungen über die Grenze föhringe-
rischer Ehrbarkeit zu Schulden kommen lassen.

—— MORITZ BUSCH, 1856

WITSUM AUF FÖHR

Witsum, gern am Inselstrand,
Kleines, stilles Dörfchen du,
Mit dem Schilfrand am Gewande,
Sei gegrüßt in deiner Ruh'!

Kommst mir immer wie ein sinnend
Scheues Friesenmägdlein vor,
Das, an seinen Träumen spinnend,
Sich in Einsamkeit verlor.

Das sich aus dem bunten Kreise
Der Gespielen hat entfernt,
Das auf eigne, stille Weise
Aus dem Buch der Schöpfung lernt.

Wie ein Kind, das an der Schwelle
Seiner Heimat lauschend sitzt,
Unbekümmert ob die Welle
Seines Kleides Saum bespritzt.

Unbekümmert ob die Locken
Aufgelöst im Winde weh'n,
Und des Meergischts weiße Flocken
Auf der Wange ihm zergeh'n.

Mit den tückischen Wasserfrauen,
die an ihre Brust dich zieh'n,
Spielst du ohne Furcht und Grauen,
Weißt zur rechten Zeit zu flieh'n.

Und so ruhst du am Gestade
Friedlich schon jahrein, jahraus,
Mit dem Fuß im Wasserbade,
Mit dem Haupt in Sturm und Braus.

Tauchst den Blick in blaue Weiten,
Leihst dein Ohr dem Wogensang,
Siehst die Schiffe meerwärts gleiten,
Deutest nachts der Sterne Gang.

Bin schon oft dein Gast gewesen,
Durfte ruh'n auf deiner Flur,
Ungestört bei dir zu lesen
In dem Buche der Natur.

Stunden waren's heiliger Feier,
Die ich dort hab' zugebracht,
Mir vom Auge sank der Schleier
Und ich sah der Bilder Pracht.

Sah die Schrift, die goldumsäumte,
Die der Gottheit Finger schrieb,
Witsum, einsame, verträumte,
Friesenmaid, ich hab' dich lieb!

Segnest Jeden, der vom lauten
Markt des Lebens sich befreit,
Sei gegrüßt in deiner trauten,
Gottgeweihten Einsamkeit.

—— STINE ANDRESEN

MÖWE

In der Stille der Dünen
Verließ sie den Sommer,
Die Wärme,
Den Glanz des Meeres;
Legte ihr Leben
Dem Winter zu Füßen,
Bot ihre gefiederte Brust
Dem streichenden Wind dar
Und entließ ihre Flügel,
Dem Sturm zu trotzen.

—— ELISABETH AXMANN

AUF DER INSEL FÖHR

Licht und schier künstliche
Klarheit von Horizont zu Horizont.
Mir zu Füßen das alte Element,
dem der Urahn entstieg, hungrig
und gierig und vielgestaltig.
Der Strand bildet die Grenze
der Evolution. Kein Zurück mehr.
Mein Ich im Strandkorb
ist die späte Ausgeburt
jener liquiden Masse, die
den Himmel widerspiegelt anstelle
meiner Person. Der Homo sapiens
besteht zu neunzig Prozent
aus Wasser und nur zu zehn Prozent
aus Mensch –
wie in den meisten Fällen.

—— GÜNTER KUNERT

DIE BESTE METTWURST

Die beste Mettwurst in New York
stammt von der Insel Föhr,
weil Bauer Olufs jüngster Sohn,
es sind jetzt zwanzig Jahre schon,
fuhr übers große Meer.

Am Hafen traf er Kreskes Jan
und auch den Okke Brand,
die hatten längst ihr Glück gemacht,
weil sie 'ne Mettwurst mitgebracht
vom fernen Friesenland.

»So mach ich's auch!« sprach Olufs Sohn,
»bald habt ihr 'nen Rivalen!«
Vermählte sich mit Lizzi Smith,
lernt schnell das Wörtchen Business
und alle wichtgen Zahlen.

Dann dacht er an sein Dorf zurück
und an das Schwein Jolanth,
und wie daheim man Mettwurst macht
und man beim Schlachtfest trinkt und lacht
dort an der Waterkant.

Und als genug er nachgedacht,
macht er 'ne Bude auf,
schrieb German Mettwurst auf ein Schild,
damit die Kundschaft gleich im Bild
beim großen Wursteinkauf.

Die beste Mettwurst in New York
stammt von der Insel Föhr.
Und wenn ihr Olufs Sohn mal trefft
in seinem Mettwurst-Top-Geschäft,
dann grüßt ihn bitte sehr.

—— ROSWITHA FRÖHLICH

IN DEN DÜNEN

Weite, möwenüberkreiste
Dünentäler, menschenlose;
links das Haff, das sturmverwaiste,
rechts die See und ihr Getose.

Alte Dörfer in den Watten,
in der Flut und unterm Sande –
Sonnenleuchten, Wolkenschatten
über einem Märchenlande.

—— CHRISTIAN MORGENSTERN

EINE HALLIGFAHRT

Einst waren große Eichenwälder an unserer Küste, und so dicht standen in ihnen die Bäume, daß ein Eichhörnchen meilenweit von Ast zu Ast springen konnte, ohne den Boden zu berühren. Es wird erzählt, daß bei Hochzeiten, welche durch den Wald zogen, die Braut ihre Krone habe vom Haupte nehmen müssen; so tief hing das Gezweig herab. In den Tagen des Hochsommers war unablässige Schattenkühle unter diesen Waldesdomen, die damals noch der Eber und der Luchs durchstreiften, indessen oben, nur von den Augen der revierenden Falken gesehen, ein Meer von Sonnenschein auf ihren Wipfeln flutete.

Aber diese Wälder sind längst gefallen; nur mitunter gräbt man aus schwarzen Moorgründen oder aus dem Schlamm der Watten noch eine versteinte Wurzel, die uns Nachlebende ahnen läßt, wie mächtig einst im Kampfe mit den Nordweststürmen jene Laubkronen müssen gerauscht haben. Wenn wir jetzt auf unseren Deichen stehen, so blicken wir in die baumlose Ebene wie in eine Ewigkeit; und mit Recht sagte jene Halligbewohnerin, die von ihrem kleinen Eiland zum ersten Mal hieher kam: »Mein Gott, wat is de Welt doch grot; un et gifft ok noch en Holland!«

Und wie erquicklich die Luft auf diesen Deichen weht! Ich komme eben heim; wo hätte ich besser den Sonntagmorgen feiern können!

Schon hatte unten in den Kögen der erste warme Frühlingsregen die unabsehbaren Wiesenlandschaften grün gemacht; schon weideten wieder die unzähligen Rinder auf der Rasendecke, in welcher die Wassergräben zwischen den einzelnen »Fennen« wie Silberstreifen in der Morgensonne funkelten. Von hüben und drüben, abwechselnd und sich antwortend, in unendlicher Abtönung, erhob sich Gebrüll und klang weit über die Ebene hinaus.

Und wie lebendig die Stare waren, diese geflügelten Freunde der Rinder! In lärmendem Zuge kamen sie vom Kooge herauf, schwenkten vor mir hin und wider und fielen dann in dichtem Schwarm auf die Krone des Deiches nieder, um gleich darauf, hurtig um sich pickend, seewärts an der Böschung hinabzuspazieren.

Aber unten entlang dem Strome, der von der Stadt ins Meer hinausführt, schimmerte einladend die neue Strohbestickung, womit zum Schutze gegen die nagende Flut der Saum des Strandes überzogen war. – Wie anmutig es sich auf diesem sauberen Teppich wandelte! – Es war noch in der Morgenfrühe; das traumhafte Gefühl der Jugend überkam mich wieder, als müsse dieser Tag was unaussprechlich Holdes mir entgegenbringen; kommt doch für Jeden die Zeit, wo auch die Gespenster des Glückes noch willkommen sind. – Und siehe! – während das Wasser weich, fast lautlos zu meinen Füßen anspülte, plötzlich mit leichten unhörbaren Schritten ging die Erinnerung neben mir. Sie kam weit her aus der Vergangenheit; aber ihr Haar, das sie kurz in freien Locken trug, war noch so blond wie einst. – Es war deine Gestalt, Susanne, in der sie mir erschien; ich sah wieder dein junges, festumrissenes Gesichtchen, die kleine Hand, die lebhaft in die Ferne zeigte, – wie deutlich sah ich es!

Auf einem solchen Teppich an eben diesem Strande schritten wir auch damals neben einander. Deine geöffneten Lippen tranken die feuchte erquickende Luft; mitunter, wenn der weiche Südost aufwehte, griff deine Hand nach dem blauen Schleier und legte ihn zurück über das winzige Sommerhütchen. Dann warst du stehen geblieben und horchtest nach oben hinauf; deine jungen neugierigen Augen forschten in der durchsichtigen Luft. »Ich sehe nur eine einzige!« riefst du; »dort steigt sie eben in den Himmel!« Und jetzt vernahm auch ich es, so weit man horchen mochte, zur Höhe wie in die Ferne, der ganze Luftraum schien ein einziges unablässiges Lerchensingen. Die kleinen Sänger selbst aber entschwanden unseren

Augen in der blendenden Fülle des Lichtes, das ihn durchströmte. – Und schweigend gingen wir weiter; die Welt war so still und klar, und die Lerchen sangen immer fort; was hätten wir auch reden sollen!

Doch wir waren nicht allein. Die Frau Geheimrätin, Susannens Mutter, ist mir nicht weniger unvergeßlich; sie hatte an der Böschung des Deiches ihr Schnupftuch voll von Champignons gepflückt und wandelte nun wie lauter Erdgeruch an unserer Seite. Es war eine gar stattliche Dame, und selbst die kleinen Ungeheuer der Tiefe, die Seekrabben, schienen ihr den schuldigen Respekt nicht zu verweigern. Sie waren heraufgekrochen, saßen am Rande des Wassers auf der Strohdecke und sonnten sich und drehten ihre knopfartigen Augen; wenn aber das Spiegelbild der Geheimrätin mit der ungeheuren lila Hutschleife über sie hinfiel, klappten sie grimmig mit den Scheren und schossen seitwärts in den Abgrund zurück. – Nach einer Weile hatten wir ein kleines Schiff bestiegen; »Die Wohlfahrt« hieß es; der Name stand mit goldenen Buchstaben auf dem Spiegel eingegraben. Wir waren alle glücklich an Bord gelangt; nur daß die alte Dame einen zierlichen Schrei ausstieß, als ihre Champignons, die sie den »lieben Schiffer« zu verwahren bat, so ohne Umstände in den offenen Schiffsraum hinabflogen.

Und leise blähten sich die Segel und leise schwamm das Schiff; man hörte das Wasser vorn am Kiele glucksen. Nach einer Stunde hatten wir die nachbarliche große Insel hinter uns und trieben nun auf der breiten Meeresflut. Eine Möwe schwebte über dem Wasser dicht an uns vorüber; ich sah, wie ihre gelben Augen in die Tiefe bohrten. »Rungholt!« rief der Schiffer, der eben das Segel umgelegt hatte.

Die Geheimrätin, die – ich weiß nicht durch welche Künste – ihren Champignonbeutel wieder in der Hand trug, blickte nach allen Seiten um sich. »Ich sehe nur den uferlosen Ozean!« sagte sie, indem sie ihr Augenglas einschlug und wieder in den Gürtel steckte. Der Schiffer, der mit beiden Armen über Bord lehnte, wandte sein wetterbraunes Gesicht der Dame zu; aber nachdem er sie wie in mitleidiger Verachtung einige Sekunden gemustert hatte, starrte er wieder schweigend ins Meer hinaus.

»Sie müssen dorthin blicken«, sagte ich, »wo nach Seneca's Ausspruch alle Erdendinge am sichersten verwahrt sind!«

»Und wo wäre das, mein Lieber?«

»In der Vergangenheit – in diesem sicheren Lande liegt auch Rungholt. Einst zu König Abels Zeiten, und auch später noch, stand es oben im Sonnenlichte mit seinen stattlichen Giebelhäusern, seinen Türmen und

Mühlen. Auf allen Meeren schwammen die Schiffe von Rungholt und trugen die Schätze aller Weltteile in die Heimat; wenn die Glocken zur Messe läuteten, füllten sich Markt und Straßen mit blonden Frauen und Mädchen, die in seidenen Gewändern in die Kirche rauschten; zur Zeit der Äquinoktialstürme stiegen die Männer, wenn sie von ihren Gelagen heimkehrten, vorerst noch einmal auf ihre hohen Deiche, hielten die Hände in den Taschen und riefen hohnlachend auf die anbrüllende See hinab: »Trotz nu, blanke Hans!« Aber das rotwangige Heidentum, das hier noch in uns Allen spukt, –«

»Ich bitte doch, mich freundlich auszunehmen!« schob die Geheimrätin mit etwas strammem Lächeln dazwischen.

Ich verbeugte mich zustimmend. »Es bäumte sich noch einmal auf gegen den blassen aufgedrungenen Christengott; die Männer von Rungholt – so wenigstens haben es die geistlichen Chronisten aufgeschrieben – beriefen eines Tages einen Priester und hießen ihn einer kranken Sau das Abendmahl geben. Da ergrimmte der Herr und ließ wie zu Noäh Zeiten seine Wasser steigen; und über die Deiche und Mühlen und Türme schwollen sie; und Rungholt mit seinen blonden Frauen und seinen trotzigen Männern« – und ich wies mit dem Finger rückwärts, wo noch vom

Kiel unseres Schiffes das Wasser in der Sonne strudelte – »dort steht es unten, unsichtbar und verschollen auf dem Boden des Meeres. Nur zu Zeiten bei hellem Wetter, wenn in der einsamen Mittagsstunde die Wimpel schlaff am Mast herunterhängen und die Schiffer in der Koje schnarchen, dann – wie die Leute sagen – ›dühnt es auf‹. – Wer dann mit wachen Augen über Bord ins Wasser schaut, kann gewahren, wie Türme mit goldenen Gockelhähnen aus der grünen Dämmerung aufsteigen; vielleicht mag er sogar die Dächer der alten Häuser erkennen, und wie zwischen dem Seetang, der sie überstrickt hat, seltsam schwerfälliges Getier umherkriecht, oder zwischen den zackigen Giebeln in die Enge der Gassen hinabschauen, wo Muschelwerk und Bernstein die Tore der Häuser verbaut hat und der nie rastende Flut- und Ebbstrom mit den Schätzen versunkener Schiffe spielt. – Aber auch die Schiffer unter Deck erwachen und richten sich auf, denn unter sich aus der Tiefe hören sie es läuten; das sind die Glocken von Rungholt.«

Susanne war indes herangetreten und hatte mit großen Augen zugehört; aber sie bedurfte für diese Seegeschichte eines sachkundigeren Gewährsmannes.

»Läuten sie wirklich, Schiffer?« fragte sie. »Haben Sie es selbst gehört?«

Das klang so allerliebst, daß auch die Backen der

alten Teerjacke sich zu einem Lächeln verzogen; und er spie weit ins Meer hinaus, bevor er antwortete: »Ick hevt min Dag nich hört.«

Und weiter fuhren wir über Rungholt. Aber trotz der kühlen Antwort des Schiffers blickte Susanne noch ein paar Mal verstohlen über Bord ins Wasser; begann doch auch jetzt die Mittagseinsamkeit sich brütend auf das Meer zu legen. Und als sie sich von mir ertappt sah, errötete sie nur leicht und lächelte; denn meine Augen mochten es den ihren schon verraten haben, wie gern auch ich an Wunder glaubte.

Vor uns in den Horizont trat jetzt ein grauer Punkt, der sich allmählich in die Breite streckte; und endlich stieg ein grünes Eiland vor uns auf. Eine geflügelte Wache schien es zu umgeben; so weit man an dem Strande entlang sehen konnte, wimmelte es in der Luft von großen weißen Vögeln, welche unablässig wie in stiller Geschäftigkeit durch einander auf- und abstiegen. Stets in demselben Luftraume beharrend, glichen sie einem ungeheuren schwebenden Gürtel, der das ganze Eiland zu umschließen schien; ihre ausgebreiteten mächtigen Flügel erschienen wie durchsichtiger Marmor gegen den sonnigen Mittagshimmel. – Das war fast wie in einem Märchen; und dazu kam mir in den Sinn: mein Freund Aemil, ein leidenschaftlicher Regattenmann, als er in lauer Sommernacht in seinem

Boote hier vorbeigetrieben war, wollte von dorther eine entzückende Musik vernommen haben. Der Mond sei über der stillen Insel gestanden, und während er nach langer Pause heimgerudert, sei in der Nacht und auf dem Meere kein anderer Laut gewesen, als diese geisterhaften, allmählich hinter ihm verhallenden Töne.

Aber es war dennoch keine Zauberinsel, sondern eine Hallig des alten Nordfrieslands, das vor einem halben Jahrtausend von der großen Flut in diese Inselbrocken zerrissen wurde; die weißen Vögel waren Silbermöwen, welche dem Strande entlang über ihren Brutplätzen schwebten, larus argentatus, von den Naturforschern längst registriert und in ihren Systemen untergebracht. Als wir bald darauf zu Wagen unter ihrem Ringe durchfuhren, sah ich deutlich über unseren Köpfen die funkelnden Augen und die starken vorn gebogenen Schnäbel. Dabei erklang in kurzen Pausen ein heiseres »Gack! Gack!« ähnlich dem unserer Gänse, nur hastiger und wilder. Susanne drückte ängstlich den Kopf an ihre Mutter; aber unser Fuhrmann klatschte lachend mit der Peitsche, und das luftige Gesindel stob gackernd nach allen Seiten aus einander.

Und dort auf der hohen Werfte, inmitten der öden baumlosen Insel, lag das große Hallighaus mit dem tief hinabreichenden Strohdache, in welchem nun schon seit Jahren »der Vetter«, ein alter trefflicher Junggeselle, sich bei den schweigsamen Bewohnern eingemietet hatte. »Die Räder der Staatsmaschine« – so hatte er mir derzeit seine Übersiedelung angekündigt – »werden mir doch zu indiskret; ich weiß, es gibt Leute, die davon entzückt sind; mich anlangend, so kann ich's nicht ertragen, wenn sie mir fortwährend hinten in die Rockschöße haspeln.« – Und so war er denn mit seiner Bibliothek und seinen allerlei Sammlungen in diese Meereseinsamkeit gezogen, wo er sich seiner Meinung nach außer dem Bereich der verhaßten Maschine befand.

Auf ihn auch war ohne Zweifel jene nächtliche Musik zurückzuführen; denn noch vor einigen Jahren hatte er in der Stadt, in der er damals lebte, für einen großen Geigenspieler gegolten; obgleich er, so lang ich denken konnte, jede Aufforderung zum Spiel mit dem Bemerken ablehnte, daß das vorüber sei. Ich selbst hatte ihn nur einmal, da ich noch im Hause meiner Eltern lebte, spielen hören; dieses eine Mal aber wurde für mich die Ursache wiederholter Täuschungen; denn wenn ich später in den Konzerten weltberühmter Virtuosen saß, so trug ich selten etwas Anderes davon, als eine traumhafte Sehnsucht nach jenem Spiel des Vetters. Dennoch sollte er während meiner späteren Abwesenheit von der Heimat noch einmal, jedoch nur auf kurze Zeit, seine Geige wieder zur Hand genommen und, wie einstens, Alles mit sich fortgerissen haben. Ein Näheres darüber hatte ich nicht erfahren. Für gewöhnlich war der Vetter ein munterer alter Herr, dem man nicht anmerkte, vor welch' tiefer Erregung oft diese freundlichen Augen Wache hielten.

Aber schon war unser Wagen am Fuß der Werfte angelangt, und dort oben in der Tür unter dem steinernen Giebel stand er selbst, der kleine schmächtige Mann mit den tiefliegenden Augen und dem vollen weißen Haupthaar. »Willkommen im Ländchen der Freiheit!« rief er, während er eilig herabkam und dem Dienstjungen die Leiter an den Wagen legen half. Und wahrlich frei genug war es hier; außer der Werfte mit dem breit darauf gelagerten Hause schien aus der grünen Inselfläche nichts hervorzuragen als etwa eine zerstreut umherweidende Schafherde; selbst das Gras war so niedrig, daß es kaum den dazwischen umherkletternden langbeinigen Schnaken ein Hindernis in den Weg legte.

Sein Wohnzimmer hatte sich der Vetter in dem größten Raume des Hauses, dem sogenannten Pesel, eingerichtet. Schränke mit Büchern, mit Konchylien und anderen Sammlungen, Karten und Kupferstiche nach Claude Lorrain und Ruysdael bedeckten die übrigens weiß getünchten Wände. Von dem Aufsatze des

Schreibtisches schaute neben einer Statuette der Venus mit dem Delphin, die von einem Korallenbaume aus den Südsee-Inseln gleichsam überschattet war, das markige Antlitz Beethoven's in der bekannten Kolossalbüste auf uns herab.

Als wir in die Tür traten, flog uns ein kleiner Vogel entgegen, flatterte einen Augenblick wie zweifelnd hin und her und setzte sich dann auf die Hand seines Herrn, mit dem lebhaft bewegten Köpfchen zu ihm aufblickend. »Nur ein Sperling!« sagte der Vetter lächelnd und den verwunderten Blick der alten Dame beantwortend. »Sie wissen, der Sperling gleicht dem Menschen; an sich ist er ohne Wert, aber er trägt die Möglichkeit zu allem Großen in sich. Der Bursche hier und ich, wir leben trefflich mit einander.« – Auf seinen Wink flog der Vogel wieder fort und ließ sich auf einen Ast des Korallenbaumes zu Häupten der schaumgeborenen Göttin nieder, als warte er wie einst darauf, mit lustigen Genossen vor ihren Wagen gespannt zu werden, um sie über das blaue griechische Meer in den Schatten ihrer heiligen Haine zu tragen. Wir aber schlürften bald aus zierlichen Tassen den Trank der modernen Welt; ich meine nicht den Kaffee, sondern den Tee, den wir Küstenbewohner auch an einem heißen Hochsommervormittage nicht verschmähen.

Durch die Fenster, welche in der Front des Hauses

gegen Süden lagen, sah man auf die grüne Fläche der Hallig und fern am Strand die Brandung, welche silbern in der Sonne schimmerte. Unser Schiff war von hier aus nicht zu sehen; aber dort zu Westen starrte der Mast eines anderen kleinen Fahrzeuges in die Luft; es war vor Kurzem hier gestrandet und jetzt Eigentum der Halligleute. – Was überhaupt war hier nicht Strandgut! Der große schwarze Hund, der jetzt im Hause umherlief, nicht weniger als der edle Alicante, den wir späterhin bei Tische tranken. Und wie stand es um die Bibliothek des Vetters? –

Meinem angeborenen Triebe folgend, hatte ich die Bücherschränke durchstöbert und blätterte eben in einem abgegriffenen Exemplar des »Hesperus«, als eine kleine Hand sich leise auf das erste weiße Blatt des Buches legte. Der Name »Emma« stand hier eingeschrieben und ein Kreuz darunter.

Noch höre ich den Laut unschuldiger Teilnahme, den Susanne bei diesem Anblick ausstieß. »Wer war das, Onkel?« rief sie. »Hast du sie gekannt?«

»Gekannt, mein Kind?« wiederholte der Alte und strich mit dem Finger über eine Bücherreihe. »Das ist auch Strandgut; fast alles Antiquaria! Die einstigen Besitzer sind gescheitert oder zu Grunde gegangen; ihre Bücher sind in alle Welt getrieben, von geschäftigen Leuten aufgefischt und verkauft; und nun stehen sie hier eine Weile, bis auch ihren jetzigen Besitzer das gleiche Los ereilt. – Aber freilich, dennoch kenne ich diese Emma, wenn sie auch schwerlich davon weiß, daß ich ihre posthume Bekanntschaft gemacht habe.«

Susanne blickte gespannt in die immer lebhafter mitredenden Augen des Vetters.

»Siehst du!« fuhr er fort – und er nahm mir das Buch aus der Hand und schlug einige Seiten darin auf – »hier steht es deutlich: sie liebte, litt und starb. Diese kurze Geschichte erzählen mir hier die Bleistiftstriche unter ihren Lieblingsstellen, das vertrocknete Vergißmeinnicht, dazu das Kreuz. Auch eine alte Jungfer ist sie gewesen und häßlich genug, daß ihre schönen Augen Niemandem haben gefallen wollen; auch dem Einen nicht, der nie daran gedacht hat, wie glücklich er sie an jenem Frühlingstage machte, als er die welke Blume so gedankenlos ihr gab, wie er sie vorhin gedankenlos gebrochen hatte. Ein Gesichtchen wie das deine wird das nie verstehen; aber« – und er blickte halb schmerzlich, halb in zärtlicher Bewunderung in das schöne Antlitz des jungen Mädchens – »nicht wahr? durch dich soll Niemand Leid erfahren!«

Susanne öffnete die Lippen, als wolle sie eine Frage tun; aber der Vetter strich sanft mit der Hand über ihr blondes Haar; dann wandte er sich ab und setzte mit fast zarter Sorgsamkeit das Buch an seinen Ort. Er mag wohl gefühlt haben, daß ich das bemerkte; denn er sagte lächelnd: »Nun, nun! da ist nicht bloß der Hesperus, da ist auch noch ein armes treues Menschenherz darin.«

Zufällig sah ich in diesem Augenblick unter dem Bücherschranke den mir von früher wohlbekannten schwarzen Geigenkasten. Was war nach solchen Gesprächen natürlicher, als daß ich den alten Herrn an jene Melodie aus meiner Knabenzeit erinnerte, und in ihn drang, sie mich jetzt noch einmal hören zu lassen. – Aber er schien fast erschrocken. »Nein, nein, mein Junge!« sagte er, den Kasten hastig in die äußerste Ecke schiebend. »Siehst du denn nicht, daß das ein Särglein ist? Man soll die Toten ruhen lassen.«

Und so war denn weiter von dem Geigenspielen nicht die Rede.

Nicht zu leugnen stand übrigens, daß die äußerst zarte Organisation des Vetters im Anstoß mit den Außendingen ihn zu einem für Durchschnittsmenschen ziemlich seltsamen Kauz gemacht hatte. Auch verfehlte er nicht, die Frau Geheimrätin, welche ein seltenes Geschick hatte, ihn an seinen heikelen Stellen zu berühren, im Laufe dieses Tages mehr als einmal gründlich in Verwunderung zu setzen.

Die gute Dame konnte es nicht verwinden, daß er, »der hochgebildete Mann«, die feine Gesellschaft seines früheren Wohnorts mit dieser nur von Halligleuten und einem zahmen Sperling bevölkerten Einöde vertauscht habe, und nahm dies Thema stets von Neuem wieder auf. – Die kleine Szene, welche zwischen den beiden alten Herrschaften hieraus entsprang, werde ich nie vergessen.

»Frau Cousine!« sagte der Vetter mit großem Nachdruck, indem er eine schon erfaßte Apfelsine in die Krystallschale zurückfallen ließ – denn wir saßen nach beendigter Mittagstafel eben noch am Nachtisch – »wenn in Novembernächten der Sturm hier unser Haus gepackt hat, daß wir aufgeschüttelt aus den Betten springen; – wenn wir dann durch's Fenster in Augenblicken, wo eben die Wolken am Mond vorübergejagt sind, das Meer, aber das vom Sturm gepeitschte Meer hier unten am Fuße unserer Werfte sehen, die allein noch hervorragt aus den schäumenden, tobenden Wasserbergen; – Sie glauben nicht, Frau Cousine, wie erquicklich es ist, sich einmal in einer anderen Gewalt zu fühlen als in der unserer kleinen regierungslustigen Mitkreaturen!«

Ich mag wohl stumm dazu genickt haben; denn ich wüßte auch jetzt noch nichts Erkleckliches dagegen einzuwenden; die Frau Cousine aber wollte das allerdings nicht glauben, sondern fuhr fort, heftig für das feste Land und dessen gute Gesellschaft zu plädieren.

Eine Weile hörte der alte Herr geduldig zu; dann aber begann es schalkhaft um seinen noch immer schönen Mund zu zucken.

»So will ich's offen denn bekennen«, sagte er; »die Exzellenzen und die Geheimen-Ober-Gott-weiß-was-Räte begannen sich die letzte Zeit in unserer guten Stadt auf eine für mich äußerst beunruhigende Weise zu vermehren.«

Ich sah das herablassendste Lächeln in dem Antlitz der alten Dame aufsteigen.

»Aber, mein Gott, was taten Ihnen denn –?«

»Mir, Frau Cousine? Ich dächte doch; sie gingen überall dort in der Sonne, wo eben mir zu gehen beliebte. Es sind das aber, so lange sie noch in ihren Drähten hängen, oftmals ganz verruchte Figuren, und man muß ihnen ausbiegen, damit man keine Schläge von ihren hölzernen Armen bekommt.«

Die Geheimrätin wurde unruhig.

»Aber, lieber Herr Vetter, mein seliger Mann –«

»Gewiß, gewiß, Frau Cousine!« Und der Vetter legte beschwichtigend seine Hand auf ihren Arm. »Ich kenne eine ganze Blumenlese davon, die alle einen unheimlichen Anstrich mit sich herumtragen; diese Kerle – ich wette! – wischt man ihnen die Staatskalendernummer von der Stirn, so sitzen sie da wie ausgeblasene Hülsen; und ich sehe schon, wie ihnen die

Augen verglasen, während das bißchen Akten- und Rangklassenbewußtsein daraus verdunstet.«

»Aber, Herr Vetter!« Und die Geheimrätin benutzte eine augenblickliche Pause; »mein trefflicher seliger Mann –«

Und der Vetter legte wieder beschwichtigend seine Hand auf ihren Arm. »Gewiß, gewiß, Cousine! Und damit ich Niemandem Unrecht tue, es gibt auch recht charmante Leute unter ihnen!«

Und sich plötzlich zu mir wendend, begann er immer schneller und heftiger zu reden, bis er zuletzt einige unleugbar handgreifliche Worte niederzuschlucken sich ehrlich, aber vergebens bemühte.

Die Geheimrätin hatte resigniert die Hände gefaltet und sagte gar nichts mehr; der Vetter aber war aufgesprungen, mit erhitztem Gesicht riß er die Stubentür auf und rief: »Mantje, ein Glas Wasser!«

Bevor aber Mantje noch erscheinen konnte, rannte er selber hintennach.

Die alte Dame schien allmählich aufzuatmen.

»Ein angenehmer Mann, der Vetter«, sagte sie hüstelnd, »indes, ich sehe ihn doch am liebsten hier auf seiner Insel.«

Aber schon trat er selber wieder in die Stube.

»Ich habe unziemlicher Weise die Tafel abgebrochen«, sagte er entschuldigend; »Sie wissen ja: Herz schon so alt und noch immer nicht klug! – Lassen Sie uns nach Landesbrauch nun Martje Flor's Gesundheit trinken!« Er füllte die Gläser und erhob das seine. »Frau Cousine! Susanne! Mein lieber Junge! Auf daß es uns wohl gehe in unseren alten Tagen!«

Und wir tranken, wie das diesem ernstesten aller Trinksprüche eigen zu sein scheint, schweigend, und schüttelten uns die Hände.

Die Geschichte aber, welche demselben zu Grunde liegt, verdient es, auch in weiteren Kreisen erzählt zu werden. Als nämlich Tönningen, die größte Stadt der Landschaft Eiderstedt, einst von den Schweden belagert wurde, hatte eine Gesellschaft feindlicher Offiziere in dem benachbarten Kathrinenheerd Quartier genommen und trieb dort arge Wirtschaft; sie ließen sich Wein auftragen, zechten und lärmten, als seien sie die Herren hier. Martje Flor, die zehnjährige Tochter des Hauses, stand dabei und sah unwillig dem Gelage zu, denn sie gedachte ihrer Eltern, die das unter ihrem Dache dulden mußten. Da reichte einer der Trinker ihr ein volles Glas und rief, was sie so trübselig dastehe, sie solle lieber auch eine Gesundheit ausbringen! Und Martje trat mit ihrem Glase an den Tisch, wo die feindlichen Kriegsleute saßen, und sprach: »Dat et uns wull ga up unse ole Dage!« – Und auf dieses Wort des Kindes wurde es still.

Seitdem versteht es Jeder bei uns zu Hause, wenn am Schlusse des Mahles der Wirt es seinen Gästen zubringt: »Und nun noch – Martje Flor's!«

Als wir nach aufgehobener Tafel vor die Haustür traten, führte uns der Vetter unter bedeutungsvollem Schweigen am Hause entlang bis an die südwestliche Ecke desselben. Hier stieß er ein unter herabhängendem Holunder fast verborgenes Pförtchen auf; und, wie in ein Wunder, blickten wir in einen großen baumreichen Garten hinab, den an diesem Orte, bei der rings umgebenden Öde, wohl Niemand hätte vermuten können. – Drunten, von der Insel aus dem Auge ganz verborgen, lag er in einer kesselförmigen Vertiefung der Werfte, an deren schräg abfallenden Wänden sich zwischen verschiedenartigen Obstbäumen eine Reihe üppiger Gemüsebeete entlang zog.

Von unten aus dem Grunde blinkte ein kleiner Teich, ringsum von einem hohen Ligusterzaun umschlossen. Auf dem daran entlang führenden Steige erschien eben, vom Hause hinabspazierend, eine weiße Katze; aber sie verschwand gleich darauf unter dem Schatten der Obstbäume, welche vom Garten aus ihr dichtes Gezweig über den Steig hinüberstreckten. Die blanken Blätter glänzten in dem sattesten Grün, als seien sie nie von einem gefräßigen Insekt berührt wor-

den; nur freilich, wo die Kronen der Bäume den oberen Gartenrand erreichten, waren sie sämtlich wie mit
der Zaunschere abgeschoren, was nach des Vetters Er-
läuterung von dem Nordwestwinde ohne jegliche Be-
stellung ausgeführt wurde.

Die Aufmerksamkeit unserer »Maman« war durch
eine Pumpe erregt worden, welche unweit des Ein-
gangs in dem kleinen Teiche stand; und während der
alte Herr, unter lebhaften Schlägen mit dem Schwen-
gel, ihr die Speisung und Bedeutung dieses Süßwas-
serbehälters der Insel zu erklären begann, gingen Susanne und ich in das trauliche Gartennest hinab, wo
der Sonnenschein wie eingefangen auf dem grünen
Laube schlief. Wir schritten langsam der weißen Katze nach und verschwanden gleich ihr unter dem dichten Laube der Apfelbäume, das fast Susannens gold-
klares Haar berührte; um uns her schwamm der Duft
von Federnelken und Rosen, die oben zwischen den
Gemüsebeeten blühten. Unmerklich, wenn mich die
Erinnerung nicht täuscht, waren wir in jenen träume-
rischen Zustand geraten, von dem in der Sommerstil-
le, inmitten der webenden Natur so leicht ein junges
Paar beschlichen wird: sie schweigen, und sie meinen
fast zu reden; aber es ist nur das Getön des unsichtbar in Laub und Luft verbreiteten Lebens, nur das
Hauchen der Sommerwinde, die den Staub der Blü-

ten zu einander tragen. Ich glaube, wir saßen auf einer kleinen Holzbank und blickten – wer weiß, wie lange schon! – durch die Lücken des Zaunes auf das unten schimmernde Wasser, als plötzlich die akzentuierte Stimme der Geheimrätin mich auf die Oberfläche des Lebens zurückrief; und gleich darauf erschien auch der alte Herr und trieb uns mit munteren Worten zum Kaffee in das Haus.

Aber ich stahl mich bald davon, um mir nach meiner Weise allein und ungestört die verschiedenen Räume des großen, ganz im Viereck gebauten Hauses anzusehen.

Eine Weile stand ich in einer Art von Zimmerwerkstatt und plauderte mit dem Sohne des Hauses, der, gleich Robinson, alle Hantierungen vom Robbenjäger bis zum Zimmermann in sich vereinigte und augenblicklich in letzter Eigenschaft an den Blöcken eines Segelboots arbeitete, das von einer Nachbarinsel aus bei ihm bestellt war.

Von hier gelangte ich in einen langen, ziemlich düstern Stall. Er war leer, da das Vieh draußen auf der Hallig weidete; nur die weiße Katze saß jetzt hier auf der Krippe, und einige Hühner liefen gackelnd durch das Mauerloch aus und ein; an den Wänden sah ich hie und da ein Seehundsfell zum Trocknen angenagelt.

Zu Ende des Stalles, im rechten Winkel daran stoßend, noch stiller und noch mehr in Dämmerung, lag die Scheune; und dort in ihrer Mitte stand das neue Boot, noch duftend von dem Harz des Waldes, von keiner Welle noch berührt. Wie selbstverständlich, stieg ich ein; ich setzte mich auf die Ruderbank und dachte an den Vetter, weshalb er denn vorhin sein Geigenspiel vor uns verleugnet habe.

Es war völlig einsam hier. Die kleinen überdies mit Spinngewebe überzogenen Fenster lagen so hoch, daß sie keinen Ausblick zuließen. Vom Hause her vernahm ich keinen Laut; aber draußen um die Mauern, obgleich gegen Mittag der Wind sich fast gänzlich gelegt hatte, ertönte eine Art von Luftmusik, die mich die großen Register ahnen ließ, mit denen hier um Allerheiligen der Sturm sein Weltmeerkonzert in Szene zu setzen pflegt. Nach einer Weile mischten sich leichte Schritte, die durch den Stall daher kamen, in dieses Tönen der Luft, und als ich aufblickte, stand Susanne in der Tür, ihr Hütchen am Bande hin- und herschwenkend.

»Weshalb sind Sie denn fortgelaufen?« rief sie, indem sie trotzig den Kopf zurückwarf. »Mama sitzt drinnen vor einer Seekarte, und Onkel hat ein großes Teleskop am offenen Fenster aufgestellt. Ich mag aber nicht durch Teleskope sehen.«

»So gehen Sie bei mir an Bord!« erwiderte ich, auf meiner Ruderbank zur Seite rückend, »es ist ein neues sicheres Fahrzeug.«

»In dieses Boot soll ich steigen? Weshalb? Es ist so düster hier.«

»Hören Sie nur, wie die zarten Geister musizieren!«

Sie horchte einen Augenblick, dann kam sie näher und hatte schon ihr Füßchen auf den Rand des Bootes gesetzt.

»Nun, was zögern Sie, Susanne? Haben Sie kein Vertrauen zu meiner Steuerkunst?«

Sie sah mich an; es war etwas von dem blauen Strahl eines Edelsteins in diesem Blicke, und es überfiel mich, ob mir nicht doch von diesen Augen Leids geschehen könne. Ich mag sie dabei wohl seltsam angestarrt haben; denn, als wandle eine Furcht sie an, zog sie langsam ihren Fuß zurück.

»Wir wollen lieber an den Strand hinab!« sagte sie leise. »Ich möchte noch die Nester der Silbermöwen sehen.«

So verließ ich denn mein gutes Fahrzeug, und wir traten aus dem Hause, wo die Tageshelle fast blendend in unsere Augen strömte. – Ohne von den alten Herrschaften etwas wahrzunehmen, gingen wir die Werfte hinab und über die Hallig nach dem Strande zu. Ein Stengel duftenden Seewermuts, eine violette Strandnelke wurde im Vorbeigehen mitgenommen, sonst war hier nichts, das unsere Aufmerksamkeit hätte erregen können. An manchem der oft tiefen Gerinne, womit, wie mit einem Gewebe, die ganze Hallig überzogen war, mußten wir auf- und abwandern, bevor wir eine Stelle zum Hinüberspringen fanden. Aber Susanne hatte die Mädchenturnschule durchgemacht, und an ihren Schultern waren die unsichtbaren Flügel der Jugend; ich hörte deutlich ihr melodisches Rauschen, wenn der kleine Fuß zum Sprunge ansetzte und wenn sie dann so rasch hinüberflog.

Ein leichter Wind hatte sich aufgemacht, als wir den Strand erreichten. Das Meer, das bei der eingetretenen Flut nur etwa einen Büchsenschuß von dem grünen Lande entfernt war, lag jetzt wie fließendes Silber vor den schräg fallenden Strahlen der Nachmittagssonne; bis weit hinaus um den Strand der Insel hörte man das Getose der Brandung. In der Luft war noch immer, wie am Vormittage, das Steigen und Sinken der großen Silbermöwen, nur daß jetzt, da kein Licht von oben durchschien, das schneeige Weiß ihrer Flügel sich noch mehr gegen den blauen Himmel abhob. Auch kleinere schwarze Vögel mit storchartigem Schnabel sahen wir, die wie mit hellem Kriegsschrei durch das Gewimmel der großen Möwen hin- und herschossen.

Und jetzt ließ Susanne einen Ruf des Entzückens hören; in einem Tangbüschel, umgeben von einem rötlichen Kranze zermalmter Schaltiere, lagen zwei der großen grau-grünen Eier; sechs Schritte weiter wieder zwei; und dort, etwas seitwärts, schimmerten gar drei von den kleineren Eiern des schwarzen Austerfischers. Die meisten lagen auf dem bloßen Sande; denn, wie der Vetter sagte, »diese Kreaturen machen wenig Umstände mit ihrer Häuslichkeit«. Die Vögel gackerten und schrieen; Susanne aber, unbekümmert und mit vor Neugier leuchtenden Augen, schritt immer weiter hinaus, von Nest zu Nest.

Ich hatte mich gegen das Meer hin auf den Rand des Ufers gesetzt. Eine Weile blickte ich Susannen nach; wohin dann meine Gedanken gingen, hätte ich wohl selber kaum zu sagen gewußt, meine Augen aber buchstabierten immer wieder an dem Spiegel unseres unweit auf dem Wasser schaukelnden Schiffes den mir längst bekannten Namen »Die Wohlfahrt«, dessen goldene Buchstaben in der Sonne zu mir herüberglänzten. Das Anrauschen des Meeres, das sanfte Wehen des Windes − es ist seltsam, wie das uns träumen macht.

Als ich aufstand, war von Susanne nichts zu sehen. Ich ging eine Strecke an dem Ufer hin, während über mir die Möwen gleich ungeheuren Schneeflocken in der Luft tanzten. Ich rief, ich sang − keine Antwort.

Endlich dort, weitab in einer Bodensenkung sah ich sie im Sande knieen. In der scharfen Beleuchtung der schon abendlichen Sonne gewahrte ich eines der großen Eier in ihrer Hand; sie hielt regungslos das Ohr darauf geneigt, als wolle sie das keimende Leben belauschen, das darin verschlossen war. Ihr zu Häupten aber schwebten zwei der mächtigen Vögel, die sich aus der langen Kette losgelöst hatten; sie stießen ihre heiseren Töne aus und schlugen wie zornig mit den weißen Flügeln. Unwillkürlich blieb ich stehen; so wild und doch so anmutvoll war dieses Bild. Die knieende Gestalt des Mädchens regte sich noch immer nicht. Da schoß eines der erzürnten Tiere so jäh auf sie herab, als hätte es mit seinem Schnabel ihre Locken packen müssen.

Susanne stieß einen lauten Schrei aus, daß selbst die Vögel erschreckt zur Seite stoben; dann schleuderte sie das Ei weit von sich, und, wie vorhin über die kleinen Abgründe, flog sie auf mich zu und schlang beide Arme um meinen Hals. –

Nur ein Hauch darf beben,
Blitzen nur ein Blick;
Und die Engel weben
Fertig ein Geschick.

So sagt ein Dichterwort. – Aber dieser Hauch bebt oft auch nicht. – Ich war ein junger Advokat und längst von wohlmeinender Seite mir bedeutet worden, wenn ich in meinem Berufe »prosperieren« wolle, so müsse ich nicht nur meinen grauen Heckerhut bei Seite legen, sondern mir auch den Schnurrbart abrasieren. Beides hatte ich unterlassen; bisher leichtsinnig und wohlgemut; jetzt aber fiel es mir zentnerschwer aufs Herz, und seltsam, während die Brandung eintönig vor meinen Ohren rauschte und der blonde Mädchenkopf noch immer an meiner Schulter ruhte, konnte ich meine Gedanken zu nichts Besserem bewegen, als sich gegen diese Tyrannei der öffentlichen Meinung immer von Neuem in Schlachtordnung aufzustellen; ja der Heckerhut und der Schnurrbart selbst begannen zuletzt wie zwei feindliche Gespenster gegen mich aufzustehen.

»Susanne«, sagte ich endlich resigniert, »wir werden heimgehen müssen, es wird schon spät.«

Es ist dies jedenfalls recht ungeschickt gewesen; denn ich weiß noch gar wohl, wie Susanne mich erschrocken von sich stieß und dann, bis unter ihr lockicht' Stirnhaar errötend, wie hülflos vor mir stehen blieb. Und ohne Zweifel war es nicht eben viel geschickter, als ich, um das wieder gut zu machen, ihre beiden Hände ergriff und tröstend zu ihr sagte:

»Ich weiß ja wohl auch, daß es nur die wilden Vögel waren.«

Aber wie auch immer – da wir nun zurückgingen, es war doch anders als vorhin; sie hatte sich nun einmal doch in meinen Schutz begeben. Noch oft, wenn über uns ein Vogelschrei ertönte, warf sie hastig das Köpfchen herum, ob auch die geflügelten Feinde hinterdrein kämen, um ihre zerstörte Brut zu rächen; und wenn wir dann an ein Gerinne kamen, so reichte sie wie selbstverständlich mir die Hand, und es war unverkennbar, daß wir nun zusammen flogen.

Als wir auf der Werfte anlangten, stand der Vetter in der Tür.

»Susanne, mein liebes Kind«, sagte er mit einem seltsam geheimnisvollen Wesen, »deine Mutter ist drinnen im Zimmer; ich möchte ein Wort mit unserem jungen Freunde reden.«

Somit faßte er mich unter den Arm und führte mich um das Haus bis an die hintere Seite desselben. Hier machte er Halt und sah mir lange und zärtlich in die Augen.

»Mein Herzensjunge!« sagte er dann, »jetzt weiß ich's ja, weshalb du vorhin das alte Liebeslied von mir verlangtest, denn ich will's dir nur gestehen, daß es ein solches war und zwar ein echtes. Da es dich die langen Jahre und bis zu diesem Ziele begleitet hat«, – der Vetter hielt einen Augenblick inne – »wenn du mich demnächst selbander besuchen wirst, ich glaube wohl, daß ich die Melodie noch wiederfinde.«

Was sollte ich auf so verfängliche Reden antworten!

»Ich verstehe Sie nicht, lieber Vetter!« sagte ich.

»Du verstehst mich nicht?«

Ich mußte wiederholt diese Versicherung geben; dann aber kam es heraus.

Vom Zimmer aus hatte der Vetter sein Teleskop auf immer neue Inseln und Halligen gerichtet, und die Geheimrätin hatte immer treu hindurchgesehen, »bis wir«, fuhr er fort, »zuletzt auch unseren eigenen Strand und als Staffage dich und Susanne vor unser Glas bekamen. Die Frau Cousine blickte mit ganz mütterlichem Stolze auf euch Beide hin, auf einmal aber springt sie mit einem »O mein Himmel!« in die Stube zurück. »Vetter!« ruft sie, »ich verstehe die Situation nicht!« und schiebt dann mit großer Hast mich selber vor das Teleskop. Und wie nun ich hindurchsehe –, »Erstaunlich!« rufe auch ich, »aber doch nicht völlig unverständlich!« und »Meinen herzlichen Glückwunsch, Frau Cousine!« Denn, leugne es nur nicht, Vetter! Du hieltest sie richtig in deinen Armen, und ich sage nur: Halte fest, mein Junge, halte fest! Denn dieses Kind ist Gott und den Menschen ein Wohlgefallen!«

Das Gesicht des alten Herrn strahlte vor Freude, und mir selbst begann das Herz sehr laut zu klopfen. Aber was half das Alles!

»Es tut mir leid«, sagte ich, »aber bestellen Sie den Glückwunsch nur wieder ab; denn es ist nichts, Vetter!«

»Nichts?«

»Nein, nichts!«

Und ich erzählte ihm nun, daß es nur die großen Vögel gewesen seien.

»Erstaunlich!« Er sah mich eine Weile zweifelnd an; dann, wie plötzlich entschlossen, drückte er mir kräftig die Hand und sagte: »Mein Herzensjunge, ich glaube, nun verstehst du die Situation nicht.«

Ob inzwischen auch Susanne ihre Mutter in dieser Weise aufgeklärt hatte, weiß ich nicht; ich bemerkte, da wir ins Zimmer traten, nur ein noch etwas feierlicheres Wesen an der alten Dame, als ihr sonst zu eigen war.

Nicht lange nachher kam die Zeit des Abschiedes. Die Damen fuhren; ich, in Begleitung des Vetters, ging zu Fuß an den Strand hinab. Als der Wagen uns schon fast erreicht hatte, ergriff der Alte noch einmal meinen Arm und führte mich ein Stückchen an dem Wasser hin.

»Also, es ist wirklich nichts, mein Junge?«

»Wirklich nichts, Vetter!«

Er sah mich traurig an. »Nun, so komm zu mir auf meine Hallig; wir lassen zu Ostern drei Fach für dich anbauen; überleg' dir's wohl!«

Und er drückte kräftig meine beiden Hände.

Dann gingen wir zu Schiffe. Als wir schon weit vom Lande auf dem tiefen Wasser schwammen, sahen wir noch lange den Vetter, wie er grüßend seine Mütze schwenkte und wie die Abendsonne auf seine weißen Haare schien.

Nach Sonnenuntergang drehte sich der Wind; eine sanfte Brise wehte aus Südwest; vor uns aus dem dunklen Wasser stieg der Mond und erhellte mit seinem sanften Licht das Meer. Die Geheimrätin hatte ihren Atlasmantel mit Silberfuchs umgetan und der Kühle wegen sich unten in dem offenen Schiffsräume eingerichtet. Susanne, in weiche Tücher eingehüllt, lehnte neben mir an der Schanzkleidung; ihr Antlitz erschien fast blaß in der nächtlichen Beleuchtung.

Einmal aus der Ferne drang das Winseln eines Tieres über das Wasser zu uns her, und die Schiffer sagten, daß es ein junger Seehund sei, der seine Mutter suche. Dann war es wieder still, und nur die Wellen an unserem Schiffe rauschten. Wir aber standen noch immer und blickten über das Meer hinaus. Wohin in dieser leeren Weltenferne unsere Blicke gingen, wer vermöchte das zu sagen! Ob etwa auch Susanne noch an die wilden Vögel dachte? Sie verriet mir nichts davon, und ich habe es auch später nicht erfahren. Ebenso unsicher bin ich, ob der Klabautermann an Bord gewesen ist. Einmal, da ich den Kopf wandte, war mir zwar, als ob dort am Bugspriet unter dem Klüversegel sich etwas wie Nebel zusammenkauere, allein ich achtete nicht darauf. Zwei junge Augen, die sich, still wie diese Nacht, mitunter zu mir wandten, waren ein holderes Geheimnis. Wohl aber fühlte ich, daß Geister mit uns fuhren, denen selbst die Nähe der Geheimrätin kein Gegengewicht zu leisten vermochte.

Als wir dann endlich wieder auf unserem Deiche nach der Stadt zurückkehrten, sang über dem dämmernden Koog unsichtbar noch eine Lerche. Zur anderen Seite stand der Mond und warf gelblich blinkende Lichter auf den von der eintretenden Ebbe bloßgelegten Schlamm.

Es gibt Tage, die den Rosen gleichen: sie duften und leuchten, und Alles ist vorüber; es folgt ihnen keine Frucht, aber auch keine Enttäuschung, keine von Tag zu Tag mitschreitende Sorge. – Ich habe meinen Hut und meinen Schnurrbart beibehalten, bis endlich beide zur allgemeinen Mode wurden und darin verschwanden. Es ist mir andererseits verhüllt geblieben, ob etwa im Verlaufe des Lebens der Blick jener blauen

Augen neben dem Strahl des Edelsteins nicht auch die Härte desselben angenommen hat. Der Tag auf des Vetters Hallig, und mitten darin Susannens süße jugendliche Gestalt, steht mir, wie Rungholt, wohlverwahrt in dem sicheren Lande der Vergangenheit.

Noch einmal, einige Jahre später, habe ich den Vetter auf seiner Hallig besucht; freilich nicht selbander, wie er derzeit es so herzlich mit mir im Sinne hatte. Sein Geist schien noch rüstig, aber mit seinem Körper ruhte er doch am liebsten am Fenster in dem weichen Lehnstuhle und ließ statt seiner Füße nur die Augen über die Hallig nach dem Strande wandern. Als ich hier ihm gegenübersaß, sah ich draußen aus dem blauen Himmel zwei jener weißen Möwen gegen das Haus fliegen. Auf halber Höhe der Werfte ließen sie sich nieder, und der Vetter öffnete das Fenster und warf ihnen Brot- und Fleischschnitte zu, die er neben sich auf der Fensterbank für sie in Bereitschaft hatte. »Früher kam ich zu ihnen«, sagte er, »nun müssen sie schon zu mir kommen.« –

Jetzt suchen sie vergebens ihren Freund. Zwar ist er auf seiner Hallig geblieben, aber aus dem Hause hat man ihn hinausgetragen; die grüne Rasendecke liegt schützend über ihm. Er hat es gewagt, sich hier zur Ruhe zu begeben, wohl wissend, daß der Sturm

die Flut zu seinem Grabe treiben, daß die Flut es auf-
wühlen und ihn in seinem schmalen Ruhebette auf
das weite Meer hinaustragen könne. Aber wie hätte er
jene großen Mächte fürchten sollen, in deren Schutz
er sich so gern gesichert glaubte!

Mir hatte der treffliche Mann außer seiner Bibliothek und seinem handschriftlichen Nachlasse auch
seine Cremoneser Geige vermacht, welche ich zufolge
testamentarischer Anordnung, obgleich des Geigen-
spiels ganz unkundig, weder verschenken noch ver-
kaufen, sondern nur vererben darf. So liegt sie denn
jetzt unberührt bei anderen Gedächtnisstücken. Unter den Papieren aber finden sich einige kurze Aufzeichnungen von der Hand des Verstorbenen, welche vermuten lassen, daß derzeit bei seiner Flucht aus
der Welt noch ein besonderer Hebel mitgewirkt habe. Auch die Zeit stimmt hiermit überein, denn nach
dem beigefügten Datum stammen sie sämtlich aus
den letzten Jahren vor seinem Halligleben. Er wohnte
damals noch in seinem eigenen Hause, das dicht neben der Stadt in einem baumreichen Garten gelegen
war. Aus seinem Wohnzimmer, welches sich im oberen Stocke befand, sah man durch einige davorstehen-
de Lindenbäume über ein paar grüne Felder auf die
Heide, die sich damals noch weit nach Westen hin-
auszog. Ich weiß noch wohl – denn ich habe dort oft

bei ihm gesessen – wie sehr er diesen Ausblick liebte. Die Heide war ihm ein vertrauter Ort; nicht nur daß er sie unablässig für seine entomologischen und botanischen Studien durchforschte, sondern er fand dort auch, wie er sich ausdrückte, »die nötige Erholung von dem Menschenleben«.

An diesem Fenster sitzend, muß ich mir ihn denken, als er jene Zeilen niederschrieb, die jetzt in seiner kleinen, aber deutlichen Handschrift vor mir liegen.

Sie lauten also:

Wie gut es sich hier in den Oktobernachmittag hinausschaut! So golden scheint noch die Sonne; doch lösen sich unter ihrem Strahle schon die Blätter und sinken lautlos auf den feuchten Rasen; immer sichtbarer werden die nackten Äste. Von drunten aus den Holunderbüschen klang ein Drosselschlag; nach einer Weile rief es noch einmal aus der Ferne – es nimmt Alles Abschied.

Die lichtgraue Dämmerung des Herbstabends hat sich verbreitet, Haus und Garten liegen schon im Schatten, hinter der Heide ist die Sonne hinabgegangen. Nur ganz fern am Himmel, dort, wohin wie Schatten jetzt die Vögel fliegen, ist noch eine leuchtende Wolkenschicht gebreitet. Sie steht über einem Lande jenseits des Horizonts, den meine Augen noch erreichen können. Aber auch dort wird bald der goldene Tag erlöschen. –

Als ich in das Zimmer zurückblickte, lag noch ein Schimmer jenes Abendscheins auf meinem schwarzen Geigenkasten, der nun schon seit Jahren uneröffnet dort unter dem Bücherschranke steht. Die Geige, die er verbirgt, erstand ich einst aus dem Nachlasse eines früh verstorbenen Florentinischen Musikers, und erst seitdem wußte auch ich, daß ich spielen könne. Auf dem innern Rande des Kastens fand ich damals eine italienische Strophe eingeschrieben, und seltsam, da ich sie in unsere Sprache übertrug, war mir's, als hätte ich diese nun deutschen Verse einst selbst gemacht, und suchte lange, wiewohl vergebens, danach unter meinen alten Papieren. Aber so wie ich die Geige mit meinem Bogen anstrich, da sang es und schwoll es an zu einer Gewalt, die mich selbst erbeben machte. Das war nicht ich allein, der diese Töne schuf; ein geistig Erbteil war in dieser Geige, und ich war der rechte Erbe, der es mit eigener Kraft vermehrte. Nun ruht sie seit lange klanglos in ihrer schwarzen Truhe; denn schon vor Jahren hatte ich es erkannt: nur bis zu einer gewissen Grenze des Lebens fließt um unsere Nerven jener elektrische Strom, der uns über uns selbst hinausträgt und auch Andere unwiderstehlich mit sich reißt.

Und nun? Und heute Abend?

Ich muß vor den Spiegel treten, damit ich meine grauen Haare nicht vergesse.

Nein, nein! Ich will die Geige, meine klingende Seele, aus ihrem Sarge nehmen, und meine Hände sollen nicht zittern.

Eveline führte mich in den Saal. Er war noch leer, aber die Kerzen brannten schon; unter der Krystallkrone stand der geöffnete Flügel.

»Hier sollen Sie spielen!« sagte sie. »Dort auf dem Tischchen steht Ihr Geigenkasten.«

»Soll ich wirklich, Eveline?«

Sie legte, wie sie das zuweilen tat, ihre Wange in die Hand und sah mich ernsthaft an.

»Sie haben es mir doch versprochen!«

»Und vor so hoher Gesellschaft?«

Denn in großen, ziemlich mäßigen Steindrucken, aber aus desto dickeren Goldrahmen schaute fast die ganze erste Rangklasse unseres Staatskalenders von den Wänden herab.

Sie lachte.

»Pst! Nicht spotten! Das sind Papa's Penaten. Weshalb sehen Sie nicht auf meine Bilder, die bescheiden, aber tröstlich unter ihnen hängen?«

Und freilich, auch Goethe und Mozart waren, wenn auch in kleinerem Format, vertreten.

Die Gesellschaft drängte aus den anderen Zimmern in den Saal.

»Adieu!« sagte Eveline.

Sie reichte mir flüchtig die Hand, ihr dunkles Auge streifte mich; dann ging sie den Eintretenden entgegen. Ich suchte mir in der fernsten Ecke einen Platz. Der weiche, etwas müde Klang ihrer Stimme lag noch in meinem Ohr; aus ihren einfachsten Worten spricht es oft, ich weiß nicht, wie die schmerzliche Erwartung oder wie die heimliche Zusage eines Glückes. Bald aber gesellte sich mein werter Vetter, der Geheimrat, zu mir und sprach irgend etwas über Kunst; und ich besah mir indes die noch immer unter Geplauder und Komplimenten platznehmende Gesellschaft und verglich sie mit der, die an den Wänden hing.

Und jetzt wurde ein Akkord angeschlagen. Unser Adolf, der Musikdirektor, begann das Largo aus Beethoven's D-dur-Sonate. Und es wurde völlig still und blieb es auch; denn er versteht es, wenn die Stunde günstig ist, seinen Beethoven so eindringlich zu Gehör zu bringen, daß es schon sehr große Geister oder aber sehr große Flegel sein müssen, die dabei sich noch selber sollten hören mögen. Mit dem Einsatze des Menuetts war mir sogar, als gehe ein Aufatmen des Entzückens durch den ganzen Saal. Ist doch Musik die Kunst, in der sich alle Menschen als Kinder eines Sterns erkennen sollen!

Dann führte der Musikdirektor seine jungen Scharen vor. Es waren frische, anmutige Stimmen darun-

ter, und sie sangen ihre Tee- und Kaffeeliedchen, in
denen sie sich so wohl fühlen, die wie die Sommervö-
gel kommen und verschwinden. Sie sangen aber auch
von den Liedern des neuen großen Komponisten,
durch welchen Eichendorff's wunderbare Lyrik zuerst
in der Musik ihren Ausdruck erhalten hat. Ahnungs-
los schwebten die jungen Stimmen über dem Abgrund
dieser Lieder. – Ich weiß nicht, ob der Kapellmeister
Johannes Kreisler davongelaufen wäre; ich saß ganz
still und horchte auf den süßen, taufrischen Lerchen-
schlag der Jugend. Dazwischen immer behagliches
Klatschen und liebkosende Worte der älteren Herren
und Damen und laute Komplimente der jungen Ka-
valiere. Weshalb denn auch nicht?

Und nun – ich glaube fast, daß mir die Brust be-
klommen war – stand ich selbst am Flügel. Eveline
hatte die Geige schweigend vor mich hingelegt und
war dann ebenso zurückgetreten. Spohr's neuntes
Konzert lag aufgeschlagen. Adolf sah mich an: »Nun,
wollen wir?«

Wir kannten uns. Vor Jahren hatte mancher Abend,
manche Nacht uns so vereint gesehen. Schon lag mein
Bogen an den Saiten; ein paar Akkorde noch des Flü-
gels, und sicher und kristallhell flog der erste Ton
durch den Saal.

Und meine Geige sang, oder eigentlich war es meine Seele. Sie sang wie einst der Neck am Wasserfall, von dem die Kinder sagten, daß er keine Seele habe. – Du weißt es, meine Muse, denn du standest mir gegenüber neben dem Bilde deines Lieblings, des Jünglings Goethe, die schönen Hände in deinem Schoß gefaltet. Deine Augen waren hingegeben offen, und ich trank aus ihnen die entzückende Götterkraft der Jugend. Und die Wände des Gemaches schwanden und der rauschende Wasserfall stand, und alle die jungen Vögel, die eben noch so laut geschlagen hatten, verstummten lauschend. Ich war eins mit dir, schöne jugendliche Göttin, hoch oben stand ich herrschend; ich fühlte, wie die Funken unter meinem Bogen sprühten; und lange, lange hielt ich sie Alle in atemlosem Bann.

Wir waren zu Ende. Adolf nahm die Hände vom Klavier, sah zu mir auf und nickte leise.

Und da ich den Bogen fortgelegt hatte, blickten die Jungen auf mich, halb scheu, mit erstaunten großen Augen, als hätten sie plötzlich entdeckt, ich sei noch Einer von den Ihren, den sie nicht erkannt, der nun plötzlich die Maske des Alters fortgeworfen habe.

Erst als Adolf seinen Stuhl rückte und aufstand, wurde die Stille unterbrochen und die Gesellschaft drängte sich zu uns. Nur ich wußte, daß plötzlich Evelinens Hand in meiner lag. Oder war es die Hand meiner Muse, die noch einmal flüchtig mich berührte?

Sie haben dich gescholten, Eveline.

Und wenn ihr wahr gesprochen hättet – laßt sie mir! Auch die Natur, von welcher, gleich der Rose, sie nur ein Teil ist, vermag uns nichts zu geben, als was wir selber ihr entgegenbringen. Vielleicht gelangt der Mensch überall nicht weiter, und wir sterben einsam, wie wir einsam geboren wurden. Und dennoch, was wäre das Leben, wenn es keine Rosen gäbe?

Weißt du, daß es Vorgesichte gibt? – Mitunter, als könne sie nicht warten, bis auch ihre Zeit gekommen ist, wirft die Zukunft ihr Scheinbild in die Gegenwart. – Du ahntest nichts davon, aber ich habe es gesehen; es war mitten im kerzenhellen Saale. Du hattest getanzt und lehntest atmend in der Sofa-Ecke; da sah ich dein Antlitz sich verwandeln, deine Züge wurden scharf, deine Wangen schlaff und fahl. Schon streckte meine Hand sich aus, um leis' die Rose aus deinem Haar zu nehmen; denn sie saß dort wie ein Hohn für dein armes Angesicht. Aber es verschwand, da ich fest dich anblickte; du lächeltest, du warst wieder nicht älter als deine achtzehn Jahre. Unmächtig wich das Gespenst zurück; nur ich sah es noch immer wie eine verhüllte Drohung in der Ferne stehen.

O Eveline! Der Strom der Schönheit ergießt sich ewig durch die Welt, aber auch du bist nur ein Wellenblinken.

Im eigenen Herzen geboren,
Nie besessen,
Dennoch verloren.

Wie seltsam, diese Worte auf meinem Geigenkasten!
Auch das ist nun vorüber. –

Hier scheinen in den Aufzeichnungen des Vetters ein
oder mehrere Blätter zu fehlen; denn das Folgende,
womit dort ein neues Blatt beginnt, ist augenscheinlich
nur der Schluß eines längeren Aufsatzes.

– – »Aber ein Hauch der ewigen Jugend, die in mir ist,
hat doch dein Herz berührt; mögen noch so übermü-
tig deine jungen Lippen zucken. Einst, wenn auch du
zu den Schatten gehörst, deren Mund vergebens nach
dem Kelche dürstet, aus dem vor ihren Augen die Jugend in vollen Zügen trinkt, wird die Erinnerung an
mich dich jäh überfallen; vielleicht am stillen Abend,
wenn du hinter abgeheimsten Stoppeln die Sonne sinken siehst, vielleicht – auch das ist möglich – erst in
den Schauern des Todes, in jenem letzten Augenbli-
cke, wo alle Erdengeister dich verlassen. – Und nun
geh’, Eveline; denn jetzt sind sie alle noch in deinem
Dienst!«

Ihre Hand zitterte, die, wie ich jetzt erst fühlte, in

der meinen lag. Aber sie zog sie schweigend zurück, und ging.

»Gute Nacht, Eveline!«

Du aber, o Muse des Gesanges, verlasse du mich noch nicht! Laß mich mein Haupt an deine Schulter lehnen; denn ich bin müde, müde wie ein gehetztes Wild; und sollte ich heimlich bluten, so lege du die Hand auf meine Wunde! – –

Hier enden diese Aufzeichnungen. Kein Band, keine Locke, keine Blume liegt bei den vergilbten Blättern.

Wer war jene Eveline, welche dies alternde Herz noch einmal so tief zu erschüttern vermochte? – Ich kenne keine ihres Namens. Requiescat! Requiescat!

—— THEODOR STORM

AUF SYLT

Ich wohnte auf der Grenze der beiden Dörfer Tinnum und Westerland und hatte also, um zum Strande und in die heilige Salzflut zu gelangen, einen Weg von mindestens einer halben Stunde zurückzulegen ... Bei einem solchen Badeaufenthalt zieht sich alles in die Länge. Zu Hause wandle ich jeglichen Tag und in jedem Wetter rund um die zu Spaziergängen eingerichteten Wälle meiner Amtsstadt; auf Sylt speiste ich, hielt eine Stunde auf einer Düne Siesta und lief dann geradeaus gen Norden den Strand entlang, manchmal bis zum roten Kliff, jedoch gewöhnlich nur bis zu den Badehütten von Wenningstedt. Da das Meer wie ein Waschweib beiderlei Geschlechts nichts bei sich behalten kann, sondern alles wieder auswirft, so waren diese Gänge nie ohne ihre Reize; denn wenn ich auch ein Mann der Prosa bin, so kann ich doch einen toten Seehund mit einer gewissen Melancholie vom Rücken auf den Bauch wenden und meine Gedanken dabei haben ...

Die Sonne war untergegangen ... Sie ging eben unter, als ich bei den Dünen südlich von Wenningstedt dem Riesenloch gegenüber anlangte. Ein Blankeneser oder Cuxhavener Fischerboot verschwand mit ihr in den Nebeln des Meerhorizontes, und ein trübes Grau wurde aus dem erfreulichen und dem Auge so wohltätigen Grün des Wassers. Auch die gelbrote Färbung der Sandhügel zur Linken des gesunden, aber beschwerlichen Weges verschwand, und die graue Farbe gewann zur Linken wie zur Rechten die Oberhand. Das Dünengras fing an, in einem kühlen Winde zu lispeln; es war Abend geworden, und es war begründete Aussicht vorhanden, daß es demnächst Nacht werde ...

Über die Nordsee strich jetzt ein ziemlich lebendiger Wind. Die Wellen rauschten lauter und bedeckten sich mit weißern und krausern Schaumkronen ... In der Ferne nordwärts blinzelte das wechselnde Licht des Leuchtturms von Kampen wie das Auge eines Spötters, der seine Umgebung auf etwas außergewöhnlich Drolliges aufmerksam macht.

—— WILHELM RAABE, 1873

AM FERNSTEN NORDSEESTRANDE

Westerland, am 10. August

Hier sind wir am fernsten Nordseestrande. Ein kleines, friedlich stilles Haus unter den Dünen beherbergt uns. Die Wände sind weiß, die Decke ist niedrig; von den Fenstern läßt nur eines halb sich öffnen, die andren sind fest zugenagelt, denn scharf streicht der Wind über Sylt. Unser Blick geht südwärts auf die weite, breite Heide. Einzelne Häuser sind hier verstreut, andere liegen dort beisammen. Wie einsam ist es auf Sylt! Am Abend, als ich ankam, und ein Rauschen, halb des Meeres, halb des Windes, auf dem sanften Rasenboden aber keines Menschen Tritt gehört ward, während mich das Geheimnis der Dunkelheit und des Ungekannten umgab: da hatte ich die Empfindung, als könne man hier ein neues Leben voll schweigender Glückseligkeit beginnen.

Hinter uns liegen die Dünen, bleiche, traurige Hügel mit wehendem Schilf und Riedgras. Unter den Hügeln ist das Meer – weit, breit und gelbgrün gleich der Heide. Aber wie wettert es auf der Meeresheide! Immer Wellen, immer Wind. Die Brandung rollt gegen die Dünenhügel, zeichnet ihre phantastischen Linien in den feinen weißen Sand, und läßt Muscheln, bunte Steine und milchweiße Kiesel zurück, wenn sie geht; Spielwerk aus dem Meeresgrund für die Kinder. Wir sehen es, wir heben es auf, wir schleudern es wieder in die Flut zurück. Wir werden selber Kinder am Meeresstrand.

Menschen gehen wenig am Strand. Die tiefe Einsamkeit desselben wird selten, selten nur gestört. Der Wanderer kann schweifen, kann sinnen und träumen. Oft stößt sein Fuß auf schwarze dicke torfartige Massen, halb im Sande vergraben, oben von der Flut freigewaschen. Das sind die Waldreste von Sylt. Wo wir jetzt im breiten Sonnenschein zur Seite des Meeres auf Sand wandeln, da haben einst hohe, schöne Bäume gestanden; weit hinaus, dort, wo im offenen Meere die Schaumwelle spritzt, hat eine große Stadt gelegen, in welcher reiche Kaufleute gewohnt. Aber das Meer hat dieses Land zerrissen, es hat sich neue Straßen gesucht, und neue Küsten gegründet. Die große Stadt mit den reichen Kaufleuten ist hinunter, der schöne Wald von Sylt ist hinunter; wir leben auf einer kahlen baum- und strauchlosen Heideinsel in neun oder zehn kleinen Dörfern, und vor uns und hinter uns und rechts und links ist das Meer. Fahren wir nach Norden, so erreichen wir Island. Fahren wir gen Westen, so landen wir bei England. Südlich liegt Hamburg und Helgoland und Deutschland und Belgien.

Das östliche Meer ist still und schmal. Wir sehen gegenüber die Küsten von Jütland und Nordschleswig. Zur Zeit der Ebbe liegt es halb trocken; die Watts, flache Sandbänke, treten hervor und flimmern wie Silberstaub in der Sonne, während das blaue Wasser des Wattenmeeres sie wie ein blaues Band vielgestaltig umschlingt. Kleine Fischerboote segeln hin und wieder; ab und an steigt eine Rauchsäule auf, wenn das Dampfschiff von Husum oder Hoyer kommt. Weidenbüsche mit Besenreisern an der Spitze bezeichnen seinen Kurs; sie sind zu beiden Seiten in die Watts gesteckt, und zwischendurch in den Kanälen des Wassers steuert das flachgehende Schiff. Man verliert das Land nie aus den Augen; wenn das Festland zur Rechten verschwindet, so tauchen zur Linken aus dem Wasser die Halligen auf, breitgestreckte Sandflächen, deren hügelförmige Erhöhung auf der Mitte drei, vier Hütten, ein paar Scheuern und Ställe trägt. Die Hügelabhänge geben reiche Weide, und die Halligbauern haben das schönste Vieh. Im Winter, wenn der Wind kommt und das Wasser türmt, sitzen sie oft monatelang einsam auf ihren Halligen, sie sehen das Festland, sie können aber nicht hinüber. Mit Booten ist dann gleichfalls nicht anzukommen. Einmal oder zweimal, wenn das Wasser ganz tief gefallen ist, wagen sich junge rüstige Leute, welche mit den gefährlichen Straßen vertraut sind, über die Watts an Land; während der einen Ebbe hinüber, während der andern zurück. Dieses sind die sogenannten Schlickläufer, deren Schicksale der abenteuerliche Zug sind in der Monotonie der Wattbänke und der Halligen.

Einmal war ein alter Halligbauer, der sich den Fuß gebrochen hatte, ans Land nach Husum gebracht worden, damit ihn der dortige Chirurgus kuriere. Es war um die Winterzeit, wo das Meer überzutreten pflegt. Der Kranke hoffte auf Heimkehr, bevor das hohe Wasser sie ihm abschnitte; aber sein Übel zeigte sich hartnäckiger, und eines Tages kam das Wasser und stieg über den breiten Sand jenseits der Deiche und überschwemmte die Watts, so weit man sehen konnte. Da saß nun der arme Bauer tagelang, den Blick der traurig wogenden Fläche zugekehrt; und des Nachts, seiner körperlichen Schmerzen vergessend, hörte er ihr Rauschen. Sein Heimweh wuchs; und oft, bei klaren Sonnenuntergängen, sah er auf dem kalten Winterabendrot fern zwischen Himmel und Wasser die bläulich-scharfen Umrisse von Giebel, Dach und Mauerwerk. Es war sein Haus auf der Hallig, bis zu deren oberstem Hügelrande das Meer gestiegen. So saß er Tag für Tag, und sein Herz tat ihm über die Maßen weh. Da, eines Nachmittags spät, erblickte er auf der Straße von Husum einen Mann, welchen er kannte. Er war von seiner eigenen Hallig, hatte die Zeit des Neumondes wahrgenommen, um über den Schlick nach dem Festland zu laufen, und gedachte des Abends, bei Ebbe, den Heimweg zu suchen. Der kranke Bauer rief seinen Freund, den Schlickläufer, herein und sagte ihm, daß er es hier nicht mehr aushalten könne und daß er mit ihm heimkehren wolle. Umsonst daß dieser ihm abredete und mehr als einmal sprach: »Bedenk, was das Ende ist, wenn dein Fuß dich nicht mehr tragen will.«

Der Bauer beharrte bei seinem Vorsatz. Der Schlickläufer sagte, gleich nach Sonnenuntergang müßten sie sich auf den Weg machen, und heimlich, zu der verabredeten Zeit, stahl sich der Kranke an das Ufer. »Nun folg mir«, sagte der Schlickläufer, »und bleib um Gottes willen nicht zurück. Wenn die Flut eintrifft, sind wir verloren, und ich kann dich nicht retten. So komm!«

Sie gingen, und der Neumond schien matt über Ihren Pfad, der sich schmal und gefährlich durchs Wasser zog. Eine Stunde lang hörte der Schlickläufer den Schritt des Kranken hinter sich, gleichmäßig wie beim Aussetzen; dann, allmählich, blieb er ein wenig zurück. Er wandte sich um und rief: »Eil dich, um Gottes willen! Sonst erreichen wir die Hallig nicht!« –

Mehrere Male noch wandte er sich um. »Holla, ho!« rief er, und »ho!« kam es zurück, erst näher, dann weiter, immer weiter und schwächer, als käm' es schon aus dem Wasser.

Zuletzt war es ganz still, nur sein eigenes »Holla, ho!« klang in die Nacht hinaus und mischte sich mit dem fernen Brausen der Flut, welche von Westen hereinkam. Das Wasser spülte schon flach über seinen Weg, und mit lautem verzweifeltem »Holla, ho!« lief er weiter; aber keine Antwort und dicht hinter seinen Fersen das steigende Gewässer. Schweißtriefend erreichte er die Hallig zuletzt, und als er sich umsah, da stand alles wieder unter Wasser, von dem Hügelrand bis zu den Deichen, die er beim schwindenden Licht der Mondsichel leise verdämmern sah. Trüb und voll rauschte die Flut herein; von dem kranken Bauern aber hat man nie und nie mehr etwas gehört. –

So ist das Wattenmeer. Anders die Nordsee, die vom Westen an gegen unsere Dünen rollt. Ihre Brandung ist hoch und gefährlich, ihre Küste für Schiffe unnahbar, zum Landen zu jäh und steil. Darum ist das Meer hier leblos – kein Segel, kein Mast in noch so weiter Ferne; kein Punkt, auf dem das Auge haften, mit dem das Herz und seine Sehnsucht langsam weiter schwanken möchte. Nur Möven über der breiten, unermeßlichen Wogenmasse und Wolken, das ist alles. So weit ist der Blick, so hoch der Himmel, so phantastisch, so groß, so golden geballt die Wolken; aber die Seele des Menschen fürchtet sich, mit ihnen zu reisen. Wohin auf dieser kalten, ungastlichen Meeresfläche? Schaurig rollt und rauscht sie; es ist nicht das Lied des Lebens und des kräftigen Wagemutes, das sie an den Küsten von England singt. Auch in Ostende hatte sie noch andere Töne. Es war Liebe dazwischen, Sehnsucht und Heimweh. Hier singt sie ihren düstern Gesang von Einsamkeit, von Entsagung, von Trauer um Vergangenes.

Oft, wenn ich in der grauen Abenddämmerung durch den Sand gehe und diesen Gesang höre, wird mir ängstlich zumute, und über die Dünenhügel kehre ich auf die Heide zurück, und unter dem schweren Himmel erblicke ich die Abendlichter der kleinen Häuser in der Ferne.

Die Männer, die in diesen Häusern wohnen, sind Seefahrer und weitgereiste Kapitäne, die nun auf ihrer Heimatinsel nach stürmischem Leben zeitlich und ewig zu ruhen gedenken. Aber auch die Frauen tragen ihr Teil von dem, was das Meer gibt und nimmt.

Ich wohne bei einem grau gewordenen Mädchen, des Namens Jungfer Brigitte Mario, und nicht ohne Ehrfurcht seh' ich im stillen ihrem Wandel zu. Ihr Liebster ist vor zwanzig, dreißig Jahren auf der See verunglückt; aber Brigitte ist dem Toten treu geblieben. Sie hat das Bild des Schiffes, welches er geführt, an die Küchenwand, dem Herd gegenüber, gehängt; sie spricht nicht von ihm, ich weiß kaum, ob sie noch an ihn denkt – sie ist so alt, so grau geworden. Aber treu ist sie ihm geblieben, und obwohl sie so gut einen Jüten hätte zum Mann bekommen können wie manche andere, so hat sie's doch vorgezogen, so lange beim alten Ratsmann Dekker als Magd zu dienen, bis sie sich ein kleines Vermögen erspart hatte, um davon ihr Alter zu fristen. Sie hatte ein kleines Haus, hundert Schritt von dem entfernt, welches sie heute bewohnt; aber der Blitz schlug ein und verzehrte in einer Nacht, wo der Brand weithin geleuchtet haben soll über die dunkle Insel, alles, was sie besaß. Da sammelten die Westerländer für sie und bauten ihr das neue Haus, stellten ihr Tische, Stühle, Betten für ein billiges Mietgeld in die Stuben und zogen um den Platz des alten, welches Brigitte jetzt als Garten benutzt, eine Mauer von Erde, Rasen und dunklen Steinen. Statt der gehofften Ruhe hat ihr das Alter neue Sorgen gebracht; sie muß wieder schaffen und arbeiten wie zuvor; sie tut es stumm, aber mit Freuden, und was ihr auf Erden noch von Liebe und Neigung geblieben, das verteilt sie ehrlich zwischen den armen Kindern, die mehrere Male in der Woche zu ihr kommen, und den

Schafen, der Kuh und der Katze, die mit ihr den Hüttenraum bewohnen.

Viele ehrwürdige Frauen, viele schlanke Mädchen in schwarzen Kleidern und schwarzen Miedern, weiße Tücher um das blonde Haar geknüpft, begegnen uns, wenn wir gegen Abend die Insel durchstreifen, denn jedes Jahr verunglücken Sylter Männer auf fernen Meeren, und bei dem engen Verwandtschaftsverhältnis, in dem hier Familie zu Familie steht, ist die Trauer allgemein. Männer mit ergrauendem Haar und harten Händen sitzen vor der Tür, oder man trifft sie im Wirtshaus bei einem Glase Grog; es sind Schiffskapitäne, die auf Hamburger Schiffen das atlantische Meer wohl fünfzigmal gekreuzt haben oder auf holländischen Fahrzeugen die batavischen Inseln besuchten.

Jetzt bauen sie Hafer und Gerste, jetzt bekümmern sie sich, um die Schafe und um die Kühe; auf der Kommode ihrer kleinen, sauberen Zimmer steht das Modell ihres Schiffes, und gern erzählen sie dem Fremden von den Abenteuern, die sie auf See gehabt.

Einige haben sich dicht an dem geschützten Strande des Wattenmeeres schöne, steinerne Häuser mit weißen Wänden und platten Dächern errichtet. Bei einem dieser Häuser fuhr ich jüngst vorbei um die Stunde des Sonnenuntergangs. Unten in der schön

beleuchteten Stube sah ich Teppichflur und Polster-
stühle und bequeme Sofas; auf dem Tische stand ein
silbernes Kaffeeservice, die Tassen noch ungeordnet
hier und dort, als habe man sich erst eben erhoben.
So traulich war dies Zimmer, so voll Abendsonne, so
voll Seeluft. Oben auf dem Dache stand der Kapitän,
und über einen niedrigen Schornstein hatte er sein
Fernglas auf den Strand und die blaue See gerichtet.

»Was sucht Ihr, Kapitän?« fragte ich.

»Mein Weib und meine Kinder!« antwortete er.
»Sie sind nach dem Kaffee hinunter in die Dünen gegangen. Nun will es Nacht werden, und ich habe sie
aus den Augen verloren!«

Dann fuhr ich weiter, und lange noch, wenn ich zu-
rücksah, erblickte ich das weiße Haus und im Abend-
sonnenglanz darauf den Kapitän mit dem Fernrohr,
der sein Weib und seine Kinder suchte.

—— JULIUS RODENBERG

MORSUM-KLIFF

Wie groß die Fülle Deines Webens,
umgibt uns reich, als schwebe
göttlicher Odem des Lebens,
wie am Tage der Schöpfung
vom Himmel hernieder!
Zart, als perlte Edelgestein, liegen
im Schweben die Meereslieder!
Das Watt voll Kräuseln der
hellen Wellen! Heideblüten sich
samtviolett schenken, reichen warm
voll Sonne zum Teppichkleide.
Das Schilf wiegt sich im satten Grün
und trägt sein leises Rauschen
zur sandigen Küste, die steil
sich erhebt, als wollt' sie umfangen
im Lauschen. Der Wind reicht die Lieder
mir sachte heran; ich atme sie ein im Glück!
Laß singen, mein Herz, zum Himmel hinauf —
und tragen die Lieder zurück!

—— THEA BANDOMIR

AUF SYLT

Auf Sylt hatte er, in weißen Hosen, sicher, elegant
und ehrerbietig, am Rande der mächtigen Brandung
gestanden wie vor einem Löwenkäfig, hinter dessen
Gitter die Bestie ihren Rachen mit den fürchterlichen
Reißzähnen schlundtief ergähnen läßt. Dann hatte
er gebadet, während ein Strandwächter auf einem
Hörnchen denjenigen Gefahr zublies, die frecherwei-
se versuchten, über die erste Welle hinauszudringen,
dem herantreibenden Ungewitter auch nur zu nahe zu
kommen, und noch der letzte Auslauf des Katarakts

hatte den Nacken wie Prankenschlag getroffen. Von dorther kannte der junge Mensch das Begeisterungsglück leichter Liebesberührungen mit Mächten, deren volle Umarmung vernichtend sein würde.

Was er aber nicht gekannt hatte, war die Neigung, diese begeisternde Berührung mit der tödlichen Natur so weit zu verstärken, daß die volle Umarmung drohte, – als ein schwaches, wenn auch bewaffnetes und von der Zivilisation leidlich ausgestattetes Menschenkind, das er war, sich so weit ins Ungeheuerliche vorzuwagen, oder doch so lange nicht davor zu fliehen, bis der Verkehr das Kritische streifte und ihm kaum noch beliebig Grenzen zu setzen waren, bis es sich nicht mehr um Schaumauslauf und leichten Prankenschlag handelte, sondern um die Welle, den Rachen, das Meer.

—— THOMAS MANN, 1924

DER SCHÖNSTE FLECK

Mir geht es jetzt gesundheitlich ganz gut: die Nordsee hat mir außerordentlich wohlgetan, ich kam ganz gebräunt zurück. Aber ich gehe nicht wieder allein auf Reisen. Ich hatte menschlicherseits fast gar keine Anregung. Das Meer freilich konnte für die Menschen entschädigen ...

Ich fand nach einigem Suchen den schönsten Fleck der ganzen östlichen Nordsee, nämlich das Kurhaus Kampen auf der Insel Sylt. Denke Dir, von meinen Fenstern aus sah ich über den ganzen nördlichen Teil der Insel, über endlose groteske Dünengebirge, an deren Westrand die offene See Tag und Nacht brausend heranbrandete, und an deren Ostrand das sogenannte Wattenmeer — der Meeresstrich zwischen Insel und Kontinent — in blauer Ruhe lag. Es ist etwas Ungeheures um jene stolze immerwährende Brandung und ich war zuletzt an den Strand und sein eigenartiges Leben so gewöhnt, dass es mir wehe tat, wenn ich einen Tag nicht hinuntersteigen konnte. Und dann nachts dieses beständige Zischen und Donnern aus der Ferne — es war eine aufregende Musik. Wie mag es erst jetzt da dröhnen ...

—— CHRISTIAN MORGENSTERN, 1895

MUSIK DER INSEL

Womit könnte ich Dich noch auf die Insel locken, wenn nicht durch Ariels Gesang, also mit Hilfe Deiner musikalischen Natur. Du wirst freilich sagen, was man dort hört, das ist doch keine Musik. Musik kann nur der Mensch machen (und die Engel). Ich gebe Dir recht, aber komm nur erst einmal und hör zu. Mit dem feinsten Ohr wirst Du sogar das zarte Klingen des Sandes vernehmen, keine Sonate natürlich, aber doch so etwas wie die freien Elemente der Musik, süßen Wohllaut jedenfalls. Manchmal freilich, wenn man irgendwo in der Mondlandschaft der Dünen in der Sonne liegt, kann man wohl erschrecken über ein unerwartetes Lachen, ein heiseres, kurzes, höhnisches hä-hä, das einem die Haut schaudert, bis Du die Möwe siehst, die lautlos vom Aufwind sich vorübertragen läßt. Wenn Du über die Heide gehst, tönt die Luft von Lerchensang. Ich gebe zu, sie wiederholen sich stark, sie reiten immer wieder auf derselben Figur und demselben Rhythmus herum, darin manchen neueren Komponisten ähnlich, aber der Raum des Himmels über Dir bekommt erst dadurch seine Form, und wenn ich mir die Hölle vorstellen soll, dann in furchtbarer Stille in völliger Laut- und Raumlosigkeit.

Das Wogenrauschen des Meeres gibt natürlich auch viel her, und ich wundere mich immer, wie das Wasser, das durchsichtige und flüssige Element, so metallisch laut sein kann. Allmählich hört man auch da einen gewissen Rhythmus heraus und wartet auf den Einsatz des Blechs, die Trompeten und Posaunen. Die Musik der Steine, denn auch sie, die stummen, haben ihre Musik, wenn sie in zurückflutender Welle aneinanderschlagen, und das hohle Seufzen und Gurgeln an den Buhnen – lauter Geräusche nur, wirst Du sagen, nicht Musik, aber Stimmen sind es, denen Du lauschst. Sie haben einem allerlei zu sagen.

Auch wenn man bei Ebbe am Watt entlangwandert, ehe die Flut kommt, dann hörst Du ein Singen, Flüstern und Rieseln, von den Melodien des Windes gar nicht zu reden und dem Rufen der Strandvögel, den frechen Pfiffen der Austernfischer und dem wehleidigen Tü-Tü der Rotschenkel. Manchmal dröhnt von ferne ein gewaltiger Paukenschlag, von einem Schiffsgeschütz vermutlich. Irgendwo auf Erden wird halt immer geschossen. Und dann ist da noch etwas, nicht draußen in der Landschaft, sondern in unserem strohgedeckten Haus, ein chinesischer Gong, aber nicht so ein gewöhnlicher, flacher, an die Wand zu hängen, sondern ein bäuchiges Bronzegefäß mit einer in Silber tauschierten Drachengirlande. Wenn man mit dem handgranatenförmigen Schlegel an den inneren Rand schlägt, dann tönt es minutenlang nach. Ich habe es mit der Uhr in der Hand ausprobiert. Es muß ein Tempelgong sein, denn er klingt feierlich und vertreibt die bösen Geister. Es ist ein heilsamer, die Unruhe ordnender Ton.

Doch damit Du endlich auf Deine Kosten kommst, Du musikalischer Mensch, ein wenig wenigstens, erzähle ich Dir rasch noch von Uwe, dem kaum neunjährigen Musikanten, der das Schifferklavier, die Ziehharmonika, schon recht artig zu quetschen weiß, reizend anzuschauen mit seinem Beethoven-Bubengesicht und der Pagenfrisur, seiner genierten Koketterie und koketten Geniertheit. Der kleine Künstler trägt ein brombeerfarbenes Samtwams. Er hat es bestimmt faustdick hinter den Ohren und kennt seinen Zauber.

—— ERNST PENZOLDT, 1949

DIE NORDFRIESISCHE INSEL

Die Insel – auf der Karte ist sie wie ein dünner Anker vor der Westküste Nordschleswigs – liegt gleicherweise in der Luft – um nicht zu sagen im Himmel – und im Wasser, und obgleich man von ihr aus nach Norden, Osten und Süden Land sieht und ein Bahndamm sie seit über eineinhalb Jahrzehnt mit dem Festland verbindet, ist man auf ihr von allem so fern und geschieden, daß es einen Entschluß und Anstrengung kostet, sich der Verhältnisse auf dem Festlande zu erinnern. Alle Sinne sind im Augenblick des Betretens der Insel von dieser vollauf in Anspruch genommen und ausgefüllt, und das Gemüt ist entweder verschüchtert oder betäubt oder beseligt. Die Insel kann wüst, öde und lichtlos angetroffen werden, auch in einer hellen Nüchternheit, einer frühen Klarheit, auch als seliger Spiegel überirdischer Schönheiten, aber nie ist sie nur einfach schön und gar nie lieblich, selbst nicht in der schönsten Zeit, wenn ein Tag oder ein Jahr am Himmel über ihr die Nachfeier halten.

Sie ist nie dieselbe und doch stets unverkennbar die Insel. Wie sie sich darbietet, das ist in keinem Augenblick nur ihre eigene Natur, immer ist auch etwas anderes dabei. Wer Erinnerungen an viele Orte in den verschiedenen Zonen der Erde mitbringt, der kann sich auf der Insel in einer homerischen Bucht oder auf einem schottischen Moor, in einem hochgelegenen Gebirgstal oder in der Sahara, in einem norddeutschen Dorf des 16. Jahrhunderts oder, wie jemand versicherte, sogar unter tibetanischem Himmel wiederfinden. Um das zu finden, muß ein Mensch allerdings mit dem Gemüt offen unter den beweglichen Winden der Phantasie liegen, wessen Inneres aber selbständige Geister, lichte oder dunkle Kobolde beherbergt, der kann sie auf der Insel schwer im Zwinger halten; ein steifer Kopf und eine vernünftige Ordnung in den häuslichen Dingen und Geschäften sind auf der Insel notwendig, um sich selbst zu behaupten.

Um aber zunächst festen Boden unter den Füßen zu haben: wenn der Zug, über Husum, Niebüll, Klauxbüll auf dem Festland, den Damm durchs Wattenmeer passiert hat, durcheilt er einen schmalen Streifen niederer Marschwiesen, die der Insel vorgelagert sind. Dann verschwindet er für eine Weile in einem Hohlweg, der durch einen Sand- und Heiderücken schneidet. Nicht gerade an seiner höchsten Stelle, sondern rechts von der Bahn, gegen Norden, steigt das schräge Heidedach noch weiter an, bis seine Höhe, im Morsumkliff, jäh und steil ins Wattenmeer abfällt, das hier, wie auch im Süden, in einer weitläufigen Bucht gegen die Insel andrängt. Die Heidehöhe ist gegen den Beginn der Insel schwach geneigt, und dort entdeckt das Auge, als gäbe es sonst nicht Wasser genug zu sehen, einen kleinen schwarzen Süßwasserteich. Er wäre nicht erwähnenswert, wenn er nicht, so klein er ist, jedem auffiele, als wäre er groß wie ein See. Und so wie dieser Teich fällt im Innern der Insel jede Wasserkuhle auf, und an jede hat die Inselbevölkerung eine Geschichte geknüpft, sei es auch nur, daß sie von einem Meteorfall herrühre. In der Heide findet man Büschel des fein rutigen Stachelginsters, die goldgelben Blütenköpfe der hochstengligen Arnika, an den Hängen kleiner Hügel glänzende Inseln von Heidebeermoos, an geschützten Stellen vereinzelt blauen Enzian und sogar kleine Orchideen.

Von der Höhe des Morsumkliffs gegen Norden sieht man diesen Teil des Wattenmeers wie einen großen See mit weiträumigen Buchten und an dessen jenseitigem Ufer eine dunkle Bank mit einer hellen Hügelkette darauf. Im ruhigen Wasserspiegel steht das Bild eines geräumigen Himmels mit getürmten Wolkengebirgen in einem hellen Blau. Aber das Wasser tritt bei Ebbe weit zurück und läuft bei Flut auf, im Nordosten entdeckt das Auge endlich zwischen der auslaufenden Inselspitze und der flachen dänischen Insel Röm dahinter das Tor in die offene Nordsee. Auf der andern

Seite der Bahn, gegen Süden, fällt der Heiderücken zu den Marschwiesen hin ab. Auf kleinen Erdaufwürfen stehen einzelne Häuser, die Wände aus rotem Stein und weiß gefugt oder ganz weiß getüncht, die Eingangstür grün oder blau unter einem kurzen spitzgiebligen Querdach, die Fenster im Wohnteil rechteckig und aus vielen kleinen Scheiben in der Fläche, in Stall und Scheunenteil halbrund wie Augen unterm Reetdach, das der First aus Grassoden mit einem breiten bemoosten Band hält. Fast immer sind es einzelne Häuser, keine Gehöfte, und sie stehen kahl, ohne Verkleidung durch Busch und Baum, auf ihren Hügeln, die Mauern ohne Übergang auf die Sohle aufgesetzt. Die Ruten eines windzerzausten Holunderstrauchs verhüllen in ihrem Laubgebüsch selten die nüchterne Klarheit des Mauerwerks. Als Hintergrund die strahlende oder graue Fläche des Wattenmeers, auch hier gegen die Insel weit ausgebuchtet und mit einer mannigfach schattierten Hügelkette über den Ufern.

Nur kurze Zeit fährt der Zug auf seinem Weg gegen Westen in dem Hohlweg, dann kommt er in niederes Wiesenland und danach in flach hingelagerte Geest mit verstreuten Bauernhäusern in von Feldstein- und Erdwällen eingefaßten Hofstücken. Innerhalb der Wälle sind Gärten mit Rasenstücken, gezirkelten Blumenbeeten, geraden Wegen und kleinen

Gemüseäckern, und immer wieder Holunderbüsche. Stellenweise rücken die Häuser an einem Weg zu einer bäuerlichen Siedlung zusammen, Pappeln, Eschen und Espen, kurzstämmig und in den Kronen wie breite Dächer, binden sie nur spärlich zu einer dörflichen Nachbarschaft. Für den Menschen in den niederen Küchen- und Wohnräumen des Hauses kann es schon ein großes Glück bedeuten, wenn sommers vor dem kleinen Fenster im blendenden Licht überhaupt ein Schatten liegt, oder in der grauen Mittagsluft langer Wintermonate eine Rute schwankt oder unbewegt im Fensterausschnitt steht. Wind und Stille ums Haus her haben durch Laubwerk und Geäst einen andern Klang, die große Monotonie, die im Lauf der Zeit lastend in die Gemüter fällt, ist gebrochen.

Jetzt fahren wir offenbar am Grunde eines flachen Beckens, denn der Spiegel des Wattenmeers ist überall hinters Land getaucht. Rechts führt ein Weg zwischen Hecken von der Bahn fort und mündet in eine Allee hoher Bäume. Am Ende derselben beginnt ein geschlossenes Dorf unter Eichen, Ulmen, Eschen, Platanen und Erlen, mit Weißdorn und Haselnußhecken an planlos verlaufenden Wegen, in Grasgärten große Obstbäume, Maispflanzen und hohe Sonnenblumen an den Rändern von Gemüsebeeten. Der Ostrand des Dorfes Keitum liegt übers Wattenmeer gehoben, das hier in einer stillen Bucht mit einem breiten Gürtel von hohem Schilfdickicht auf den Sand stößt. Die alten Häuser stehen um eines Gartens Länge vom Rande zurück, dichte Dornenhecken schließen die Gärten hart über dem Rand der Höhe ab.

Nördlich des Dorfes steigt das Bodenbecken noch höher, die Dorfbäume und Gartenbüsche bleiben zurück, und auf der äußersten Höhe steht, wie ein ausfahrendes Schiff, hoch hinaufgehoben und mit einem steilen Giebeldach des breiten Turmes gegen das Inselinnere und die offene Nordsee, die Kirche; nur in dem Windschatten ihrer weiß getünchten Mauer wuchert noch stellenweise ein Gebüschdickicht, kaum an den untern Rand der frühgotischen Fenster hinaufreichend. Den Kirchhof faßt ein Feldsteinwall im Rechteck ein, hinter dem östlichen Wall überm Abhang zum Watt bildet das Gebüsch noch eine geduckte Hecke. Die Kirche steigt in Stufen von einer gerundeten Apsis mit nur einem Rundbogenfenster zu einem kurzen frühgotischen Chor, zu einem gestreckten Langschiff und zum gegiebelten breiten Turm. Dieser hat nichts von einem Glockenturm, sondern ist ein Wacht- und Wehrturm, kahl und massig, nur mit der dünnen Zeichnung der eisernen Mauerklammern ragen die Mauern aus Granit, Ziegel und Quaderstein aufgeführt.

Wer den Weg an der Keitumer Kirche vorbei nach Norden weitergeht, wandert bald, hinter Ackerfeld und Wiese, in baum- oder buschlose weite Heidemulden hinab. Darin folgen die Zeichnungen der hellen Wege voll Empfindung den sanften Bewegungen des Bodens nach und deuten die mannigfaltigen Becken an, aus denen die Mulde im Grunde besteht. Über dem braunen Heideboden steht ein lilafarbner Ton, der je nach der Tageszeit sein Rot oder Blau stärker heraustreten läßt, und darüberhin spielt der Himmel an hellen Tagen noch einen silbrigen Perlmuttschimmer. Am jenseitigen Hang der Mulde stehen verstreut einige Häuser im wallumzogenen Geviert einer Schaf- und Kälberweide; weiter oben näher zusammengerückt, innerhalb der Wälle von den Ruten der Gebüsche und dem dichten Gelaub unterm Wind geduckter Bäume verwuchert, zu einer dörflichen Siedlung zusammengeschlossen. Jenseits weiß der Inselkundige dann die Kampener Heide.

Der allgemeine Weg auf die Insel ist mit der Bahn, weiter nach Westen zu erreicht man kurz vor dem Meeresstrand der Insel den Ort Westerland. Den Kern des alten Westerland trennte früher vom Meer die breite Dünenkette aus Flugsand, die auf dem steilen Kliff der Westküste in ihrer ganzen Länge die Insel vom

Süden bis Norden überzieht und von der Küste stellenweise in das Innere der Insel hereinlangt. Das alte Westerland kann man nur noch in der Anlage von einigen Häusern finden, im übrigen sind sie entstellt durch aufgebaute Stockwerke, angebaute Speisesäle und große Auslagefenster. Als gegen das Ende des 19. Jahrhunderts der Zustrom von Badegästen anwuchs, wurde der Ort rasch zum Meer hin in die Dünen und auf ihre Hänge weitergebaut. Man sieht heute noch, daß es nur darauf ankam, rasch Unterkunftshäuser mit viel Kammern und einem größeren Speiseraum, Läden für die Bedürfnisse und die Langeweile der Badegäste und Vergnügungsetablissements aufzustellen, alles für eine kurze Sommersaison, ohne die Solidheit der Bürgerlichkeit, dafür mit billigen Andeutungen ihrer romantischen Exoterien erstellt. Da von den Gästen keiner daran dachte, sich hier am Meer einen Sitz für ein sinnvolles Leben in Beschauung und Arbeit zu bauen, ist das Provisorische und Enge charakteristisch für den Ort geworden. In dieser Art hat sich der Ort heute über die Dünen bis aufs Kliff vorgeschoben, die Dünen unter ihm sind eingeebnet, und nur im Pflaster kleiner Seitengäßchen und den Wasserrinnen der Straßen trifft man lockere Stellen, die verraten, daß der Dünensand unter dem Ort nicht zur Ruhe gekommen ist.

Die heutigen Einwohner Westerlands haben ihr Leben vollständig auf die Badesaison und die Fremden eingestellt, das hat ihrem Wesen etwas Doppelbodiges gegeben. Kann es etwas Unverläßlicheres, Wechselnderes, Launischeres und Oberflächlicheres geben als Badegäste? So war zwischen die Inselbewohner und ihr herkömmliches Leben etwas gekommen, dem nur mit Verstellung, Pfiffigkeit und Geiz beizukommen ist. Das Leben auf der Insel hing ursprünglich von Mächten ab, denen man nichts abdingen, sondern nur mit ungeteiltem Einsatz etwas abringen konnte: dem Himmel, dem Meer und dem Schicksal. Das Schicksal, wie der Wind wechselnd und wie der Nebel undurchsichtig, prüfte sie bis in ihr Inneres, da wäre Verstellung völlig nutzlos. Für die Großväter noch waren die Badegäste nur eine zeitweilige Draufgabe, den größeren Teil ihres Lebens füllte noch die vom Inselschicksal gestellte Arbeit, die Heutigen haben mit der Betätigung an der gewinnbringenden Ausnützung der Saison und mit der Ablösung ihrer Kräfte von der unmittelbaren Berührung mit den zeitlosen Mächten der Insel auf das Schicksal verzichtet.

Von Westerland aus wendet man sich am besten dem Norden der Insel zu, denn der schmale Süden, eine langgestreckte Landbrücke, ist von Dünen ganz bedeckt, während auf dem Nordteil, bis über Kampen hinaus, hinter den auslaufenden Dünen der Inselrücken noch in ebenen Flächentafeln mit Feld und Heide, Wegen und vereinzelten Anwesen, weit gegen Osten gespannt ist, bis er in einem Hang zu den Wiesen und dem grün- und blausilbernen Wattenmeer abfällt.

In der Umgebung des Ortes Kampen gewinnt die Eigenart dieser Insellandschaft so konzentrierten Ausdruck, daß sie einzigartig wird, mit keiner anderen Landschaft zu vergleichen. Südlich von Kampen auf einer ebenen Heidefläche ist seit vielen Jahren ein vierkantig behauener Feldstein aufgestellt. In der Heide ist um ihn her ein längliches Feld, so groß wie ein Acker, an den vier Ecken abgesteckt. Auf dem Wege von Kampen nach Braderup, dem nächsten Ort südlich von Kampen auf der Wattseite, der nicht weit daran vorbeiführt, dünkt einem der Stein da auf der planen Heide, wenn kein Denkstein, eine Sonderlingslaune. Ein paar Hügelgräber aus der Vorzeit, die näher zum Watt als gestreckte Buckel oder Kegel herausragen, scheinen bemerkenswerter. Steht man aber an dem Steinmal, findet man sich im Zentrum einer Landschaftsarchitektur, im Schnittpunkt von drei glatten Flächen, die selbst im Unendlichen des Raumes stehen. Vor den Füßen eilt der ebene Heideboden hemmungslos fort in die Weite. Die Erde unter den Füßen wird fremd, auf der zum Himmelsrand fließenden Fläche wandelt sie sich in der Sonne in unwahrscheinliche Farben, die trotz ihrem dunklen Grund die Schwere des Dinglichen verloren haben. Weiterhin wächst die Fläche in eine märchenhafte Stimmung fort, in der Düne und Strand als leichte Spiegelungen erscheinen. Die gewohnteren, festeren Dinge in der Nähe, die Häuser hinter den Mäuerchen aus Steinfindlingen und Heidesoden, das graugrüne Laubgebüsch mit dürren Ruten wie Mähnen im Sturm darüber hingerissen, die gründunklen Hügel der Steingräber, gleiten in Zeilen in die Ferne fort. Nirgends aber wird das Rund des Himmels erreicht, denn davor steht die in Blau, Grün und Silber fließende Tafel des Meeres. Über dessen Rand hinaus reicht die Weite, denn dahinter segelt ein loser Kranz von kleinen und großen Wolkenbäuschen unter der blendenden Tafel des Himmels. Und der Himmel, nirgends so hoch und zugleich so nah wie über diesem unauffälligen Stein, treibt in der zehrenden Luftweite über dieser Hochfläche selbst im Winde fort. Bei diesem Stein ist nichts mehr Nähe.

Im Orte Kampen, dessen Häuser sich an den Bodenwellen eines Dünenausläufers gegen das Inselinnere ausrichten, gibt es an einem Gasthaus eine Gartenterrasse gegen Norden, dort könnte ich im

Windschutz tagelang stillsitzen und nur ausschauen, denn dort wird alles Nähe. Jenseits einer in breiten Mulden und Buckeln gelagerten Heide ruht zwischen dem Spiegel der offenen Nordsee, auf dem die weiße Brandungswelle anläuft, und dem Spiegel des Wattenmeers, wie ein breiter Gebirgszug die Insel bis in die äußerste Spitze füllend, die Dünenlandschaft, aus runden Buckeln, glatten Kegeln, scharfkantigen Pyramiden, Kränzen kleiner Hügel auf breiten Sandrücken und langgestreckten Sanddächern mit scharfen Graten und schrägabhängenden Tafelplatten. Die Farben gehen vom blendenden Weiß nach Gelb und Ocker, Braun und Lila, Licht und Schatten liegen in hart umrissenen Tafeln darauf. Mit dem Wind wandern Himmelsschatten darüber her, in der Luft flimmert es wie von bewegten Spiegeln. Mittags steht das äußerste Ende in einem weißen Glutschein, der vom Sand ins Blau der Luft hinaufstrahlt. In dieser Landschaft weiß ich schmale Pfade durch gewundene Täler, Saumwege über glatten Abhängen, runde Krater auf herausgehobener Höhe, breite Talmulden und höhenumkränzte Talkessel. Bloßer Sand mit dem Gekrakel von Vogelfüßen, Kaninchentapfen und Stapfen von Schafhufen, Teppiche von Moosen und Flechten, Steppen von Sandgras, Stachelginsternester und Strandhaferschöpfe. Das Wattenmeer legt Schilffelder vor eine vorgeschobene Höhe und schiebt sich mit stillen Buchten in die Niederungen zwischen zurückweichenden Dünen. In einem Winkel liegt die undurchdringliche Wildnis aus Sanddorn, Weiden, Ahorn, Pappeln, Riesenfarnen in den Windschatten der Dünen geduckt, mit einem unheimlichen Teich inmitten: einer Vogelkoje.

Auf der Nordseeseite liegen die Dünen auf einem hohen steilen Kliff. Vor ihm hat das Meer einen breiten Sandstrand abgelegt, auf dem die Wogen an stillen Tagen auslaufen; an anderen hat das Meer sich bis zur Höhe des Kliffs gewälzt und im Sog des ganzen Ozeans Dünen und Inselgrund abgerissen und hinausgetragen; und an wieder anderen Tagen hat der Sturm den losen Sand von der breiten Tenne des Strandes zu gestreckten dünnen Wellen gegen das Kliff getrieben, und die Sandwellen türmten sich vor der Steilwand, bis sie die abbröckelnde Kante oben überstiegen.

Aber selbst dieses Panorama würde für den Schauenden auf der Gartenterrasse einmal erschöpft sein, wenn es an zwei Tagen und selbst in zwei Stunden das gleiche wäre. Die Gewalt im Meer und im Sturm schafft gewiß große Veränderungen, und ihre Wirkungen faszinieren den Menschen wie überall, aber die Größe des stillen Himmels, in der das Inselpanorama klein eingeschlossen liegt, gibt erst das Unerschöpfliche. Eine Landschaft im Binnenland ist gefügt und geordnet durch das Maß der Felder und Hügel und durch den Zusammenlauf der Flächen und Höhen; Sinne und Geist bleiben im Gemessenen und sind stets unterwegs nach dem Verstellten und Verborgenen. Die Insellandschaft liegt in einer Kugel, und eine andere Schicht in dieser Kugel, nicht etwa ihre runde Hülle, ist der Himmel. Eine alte Menschheitsvorstellung, nach der die Welt sich aus mehreren Scheiben oder Sphären aufbaut, lebt am Rande des Kontinents auf der Insel wieder auf. Als Kinder hatten wir Kugeln aus massivem Glas mit eingeschlossenen farbigen Bändern, Flächen, getürmten Bergen, Gewölk, Farnwäldern, Zinnen von Türmen und von Burgen über Städten, auf verschlungenen Ebenen durchzogen. Wie in einer solchen Kugel erlebt man die Welt auf der Insel; im Hochgebirge, wenn nur noch die Felsberge vor einem liegen, kann sie einem auch so erscheinen. Das ist auf der Insel keine bloße Impression, sondern wer auf ihr lebt und empfindlich ist für die Geister der Wasserzüge unter der Erde und für die Luftgeister, die nicht nur auf den Sturmwolken, sondern ebenso in der Stille des Sommermittags auf einer blauen Scheibe ihr Wesen treiben, für den wirken auf der Insel verschiedene Welten auf verschiedenen Ebenen in- und durcheinander.

Alles auf der Insel ist ganz nah und gegenwärtig und zugleich in einer gläsernen Ferne. Im Innern der Häuser selbst kann nichts verborgen bleiben. Weil daher die Bewohner der Insel alles voneinander wissen, bis in die menschlichen Abgründe sehen, lebten sie vor alters verschwiegen und auf der Hut vor jedem Menschen, und ein öffentliches Ansehen wurde streng gewahrt. In dem einschichtigen Haus dort in der Mulde, kaum fünf Minuten von der Terrasse, wo der Weg über die Kampener Heide zwischen zwei Hügeln heraus ins Watt tritt, kann die tiefe Weltabgeschiedenheit durch den Lärm der Wasservögel nicht gestört werden, die in der Bucht und auf der Wattwiese nebenan ihre unruhige Ratsversammlung halten. Mitten im Grün der Wattwiese leuchten rote Inseln des Queller in Blüte, und am Rande der Wiesen ist das Grün hellgrau gesäumt von Stauden des Seewermut.

An einem Abend im Frühjahr ging ich aus Kampen, dessen Häuser immer mehr in das Lilabraun der Heide und des Abends einsanken, einen Weg gegen das Wattenmeer. Der Weg senkte sich, bis er in einer tiefen Mulde lief. Von einer Wegbiegung aus erschien das Muldenende als klar in die Luft gezeichneter Himmelsausschnitt, davor stand wie eine aufrechte Tafel das Meer in Farben von einer Eintönigkeit, die zugleich melancholisch und heiter stimmt: ein ineinandergesponnenes Grün und Grau mit Spiegeln aus Silber. Im Weitergehen hatte ich nicht das Gefühl näherzukommen, sondern hineinzugehen. Links und rechts sanken die Heidehöhen rasch hinab. Jenseits einer offenen Bucht, weit und hoch und einsam, lag dann die lange Dünenkette in ihrem eigenen Licht, das eher monden war als irgendeinem andern Licht vergleichbar und das aus ihrem Innern als glasiges Gewebe hervortrat, die Meerfläche und den Himmel überspann; auf solche Weise glaubte man durch das Kleid aus Moosen, Flechten und Sandgras in sie hineinzublicken.

Die glasige Nüchternheit verschlug mir fast den Atem, denn sie drückte auf das Herz. Ich war in einen Bannkreis getreten, in dem noch der Zauber seine Macht übt. Er ging von den Gipfeln der Dünen aus, die, hoch über den mondweißen Feldern der Hänge, durch die kühlen Lichtspiegel stießen, deren Scheiben den oberen Raum stuften wie Böden den Dachraum eines Hauses; und sein glasiges Gespinst lag über den schwarzen Heidemulden des Insellandes, den Häusern der Siedlung und den kalkweißen Spiegeln der Meerfläche. Eine Stille herrschte, die nur mit einem Ausdruck bezeichnet werden kann: gewaltig. Ja, sie war von der gleichen Gewalt wie das Tosen eines Orkans zu anderer Zeit, der den Wasserberg einer Sturmwoge durch die Luft trägt und auf das Kliff wirft, und von dem die Luft über der Insel dann dröhnt wie ein gespanntes Trommelfell. Im Brüllen des Orkans hört man diese Stille, und in der Stille ist die Gewalt des Orkans; Orkan und Stille sind Äußerungen der gleichen Natur. In dieser Welt gilt das menschliche Wort nichts, weshalb man nicht selten Menschen trifft, die, wie Geistesgestörte, sinnlos Wörter aus einer ohnmächtigen Sprache vor sich hin sagen; auch Denken ist so unmächtig wie das plappernde Selbstgespräch. Stattdessen tritt eine andere Gabe aus dem Menschen: Hellsicht; in ihrem Schein geht er auf dem Weg am Strand entlang und den steinigen Pfad über die Heide zurück und redet wahllos lustige und traurige Worte.

—— PETER SUHRKAMP, 1943

DER ZUCKERFRESSER

»Was schreibst'n da?«

Ich sah auf und konnte ihn nicht richtig erkennen, er stand genau in der Sonne. Ich setzte mich auf und drehte mich um.

»Biste von der Zeitung oder isses nurn Brief?«

Der Junge war mager wie ein neugeborenes Kalb. Seine hellblau ausgeschossene Turnhose hatte ein ziemliches Loch auf dem linken Bein. Das Flachshaar klebte naß am Kopf. Er hatte aber keine Gänsehaut. Das Wasser war bestimmt nicht wärmer als fünfzehn Grad.

»Kalt, was?« sagte ich. Was soll man schon sagen. »Willst du dich abrubbeln?«

Er rieb sich trocken und verdreckte mein Frottiertuch mit dem elenden Teerzeug. Die sollten endlich mal verbieten, daß die Dampfer draußen auf See ihr mistiges Öl außenbords pumpten und den ganzen Strand versauten. Und überhaupt: Mit dem Schreiben hatte es nicht so geklappt, wie ich es mir vorgestellt hatte, im Strandkorb gab es entweder Sonne mit Wind, oder ich saß ohne Wind im Schatten, ein bißchen braun wollte ich ja schließlich werden; und wenn ich mich auf den Bauch an den Sandwall meiner Strandburg legte, gab es auch keine Ruhe; entweder blies der Wind die Ecken vom Papier um, oder Sand rieselte darüber hin, oder ich bekam ein steifes Kreuz, oder der Schreibarm tat mir weh.

»Wo kommst du denn her?«

Der Junge machte eine unbestimmte Bewegung. Ich schätzte ihn auf sieben Jahre. Vielleicht auch acht.

»Kannst du denn schon lesen?«

Ich merkte sofort, daß das eine völlig verkehrte Frage gewesen war. Er beantwortete sie überhaupt nicht. Ich konnte mir vorstellen, was er jetzt dachte. Er zog die Nase hoch.

»Wasser, weißte«, sagte er und sah einer Möwe nach, die im Aufwind des Kliffs den Strand absegelte.

»Schreibste Geschichten?«

»Auch. Ist aber nichts geworden, heute.«

»Wasn für Geschichten?«

»So alles Mögliche.«

»Für Bücher?«

»Auch, manchmal.«

»Was de selbst erlebt hast?«

»Selten. Meistens denkt man sich was aus.«

Es waren nicht mehr viele Leute am Strand. Fünfzehn Uhr, die Sonne stand schon recht niedrig. Ich zog mich an. Der Junge sah zu. Er blieb immer todernst.

»Wo gehsten jetzt hin? Hause?«

»Nein, Tee trinken, im Witthüs.«

Er zog die Augen etwas zusammen und leckte sich über die Lippen. Nicht wegen des Tees, ich erfuhr erst später, warum.

»Komm mit«, sagte ich, »wenn du Lust hast.«

Er drehte sich jedoch um und stakte durch den Sand davon. Auf dem hartgetretenen Weg am Fuße des Kliffs setzte er sich in Trab und verschwand bald hinter den Strandkörben. Ich suchte meine Sachen zusammen und ging. Vor der Haupttreppe saß der Bademeister und Strandwächter in seinem kleinen Rollkarren und las. Wenig zu tun in der Nachsaison. Die Badeflagge zeigte ablaufendes Wasser an, das Baden war aber noch nicht verboten. Ruhiges Wetter, wenn es auch nicht eben sanft wehte. In einigen wenigen Körben saßen noch ein paar ältere Leute oder Liebespaare, hatten sich in Decken gewickelt und lasen ebenfalls oder sahen einfach nur auf die See hinaus. Links am Kliff flitzten die Seeschwalben und verschwanden haarscharf in ihren Nestlöchern. Die eisernen Buhnen wurden noch vom Wasser überspült. Die meisten Möwen hatten sich nach drüben auf die Landseite der Insel ins Watt verzogen und warteten darauf, daß das Wasser noch weiter fiele, dann konnten sie bequem jagen und fressen.

Oben auf dem Kliff wehte es heftiger. Auf den Aussichtsbänken der Kurverwaltung saß niemand, und auch die Straßen des Ortes lagen ausgestorben, kahl und hölzern. In acht Tagen würden die Pensionen schließen, Schluß der Nachsaison. Vor ein paar Jahren war ich schon einmal hier gewesen, allerdings mitten in der Hochsaison, Massenpublikum, aufgedonnert und laut und mit zahllosen Autos. Jetzt, Ende September, war es viel schöner. Mit dem Wetter hatte ich Glück gehabt, bis jetzt wenigstens. Und auch mein Quartier war in Ordnung, abseits vom Ort nach Westerland zu, ruhig und solide, nicht zu teuer, kein Nepp. Ein einzelnes, niedriges Haus mit Strohdach, ich mag gern unter einem Rieddach schlafen. Unten im Hause ein gemütlicher, holzgetäfelter Raum, an der einen Wand zwei Regale mit Flaschen zur Selbstbedienung, sehr angenehm. In dieser Jahreszeit gab es natürlich auch keine Veranstaltungen der Kurverwaltung mehr, Réunions oder Wahlen der Orts- und Strandkönigin, und so weiter. Auf dem Flugplatz, drüben bei Keitum, war wohl gerade Lehrgangwechsel, schon seit Tagen hatte ich keine Düsenjäger mehr gehört. Vor einer Woche war einer ins Watt gestürzt, der Pilot hatte aber noch rechtzeitig abspringen können. Nun lagen ein paar Millionen Mark im Schlamm. Na ja.

Ich suchte mir einen Platz am Fuß der zweiten

Düne, sah in die Brandung tief unter mir und rauchte eine Zigarette. Wenn eine Bö in die Düne einfiel, prickelten feine Sandkornfahnen auf meiner Gesichtshaut. Der Strandhafer duckte sich und zog mit seinen längsten Halmen gezirkelte Kreise in den feuchten Sand. Die Kreise überschnitten sich sauber und exakt wie auf dem Reißbrett konstruiert.

Endlich ging ich zurück und die Hauptstraße landeinwärts, bis ich links abbiegen mußte zum Witthüs. Sicherlich eines der ältesten Häuser hier, weiß gekalkt, niedrig, das Rieddach sah recht verwittert aus. Im Hause gab es kleine Kabäuzchen, hier kredenzten appetitliche Bajaderen alle möglichen Teesorten, den echten »Friesischen« mit Rahm und Kandis, russischen Tee mit kandierten Kirschen und Preiselbeeren, grünen Indientee. Ich mag den russischen am liebsten. Die hübschen Geishas waren Studentinnen und nutzten ihre Semesterferien aus für ihren Geldbeutel. Eine gehobene Atmosphäre, nicht ohne Fröhlichkeit.

Aus dem Schallplattenverzeichnis suchte ich mir eine verschollene Kammermusik von Scarlatti aus, meine blonde Nymphe legte die Platte auf, und ich machte es mir mit meinem Tee gemütlich. Als mir dann etwas einfiel, holte ich mein Heft hervor und fing an zu schreiben.

»Schreibst ja doch!«

Da war der Junge wieder. Ein Auftritt wie beim Zauberkünstler, die Hexerei aus dem schieren Nichts. Er hatte jetzt eine Cordhose an und eine überraschend flotte Strickjacke aus Schafwolle. Er zeigte auf den Kandiszucker.

»Schenkste mir den?«

»Türlich. Nimm nur. Auch Tee?«

Er wollte keinen Tee, nur den Zucker. Er zerbiß ihn krachend in die Musik hinein. Mir lief es bei diesem Geräusch den Rücken hinauf.

»Biste fertig oder machste weiter?«

»Mit was?«

»Schreiben.« Er hatte sich gesetzt, rechts neben mir hockte er auf der Eckbank, zwinkerte und kontrollierte die anderen Tische. Er konnte aber keinen Zucker mehr entdecken.

»Nein«, sagte ich und gab auf, der Musik zuzuhören. »Keine Lust mehr. Außerdem taugt die Geschichte nichts.«

»Biste allein hier?«

»Ja. Und du?«

»Haste keine Frau?«

»Nein.«

»Machste keine leiden?«

Ich brauchte nicht zu antworten, denn er sagte sofort: »Ich auch nich. Mädchen sin tumbich.«

»Tumbich? Was ist denn das? Dumm?«

»Genau.«

»Na, na ...!«

»Ich könnt' ganz gern noch'n bißchen Zucker haben!«

Die runde, blonde Geisha kam vorbei, blieb stehen
und sah den Jungen an.

»Was!« sagte sie. »Bist du wieder hier?«

Der Junge stieß mich an, und wir waren uns einig
über die Qualität dieser Frage.

»Lassen Sie ruhig. Wir kennen uns schon lange,
und ich habe ihn eingeladen.«

»So?«

Es blieb ihr nichts übrig, als höflich zu bleiben:
»Ich wundere mich nur, daß der ganze Junge nicht
aus purem Zucker besteht. Dieser Zuckerfresser! Unser bester Kandiskunde. Ein Nassauer ist er, das ist
er!«

»Genau!« sagte der Junge ungerührt und sah das
Mädchen ernst an. Dann zu mir: »Soll ich wohl noch
was haben?«

»Klar.«

Der erste Satz von Scarlatti war zu Ende, die Na-
del lief in der Leerrille, im Lautsprecher kratzte es.
Das Mädchen drehte die Platte um und brachte eine zweite Schale mit Kandis. Der Tee war inzwischen

kalt geworden, so bestellte ich neuen. Die Sonne ging jetzt unter, die letzten Strahlen über der Düne erreichten den Jungen in der Ecke. Sein ernstes Gesicht sah rot aus wie eine Tomate. Dann zerbiß er wieder den Zucker und brachte den zweiten Satz der Musik zur Strecke.

»Mensch!« sagte ich, »deine Zähne! Das ist doch nicht gut! Lutsche doch wenigstens!«

»Kanns ja mal sehn!« sagte er und fletschte mich an. Ein tadelloses Gebiß, ohne Lücke und gerade, eine Perlenkette. Er mußte doch schon älter sein, das waren keine Milchzähne mehr, auch weiter hinten nicht.

»Schreibste wirklich nich mehr?«

»Nein. Tee trinken und Musik ist schöner.«

»Was machsten nacher?«

»Weiß nich. Vielleicht lesen, zu Hause, oder noch mal am Strand längsgehen. Weiß noch nicht, mal sehn.«

»Haste Lust?«

»Wozu?«

»Was zeigen.«

»Was denn?«

Der letzte Zucker verschwand. Dieses Mal ging der Beißkrach in einer Fortissimostelle von Scarlatti unter. Das störte den Jungen jedoch nicht.

Die Sonne war nun untergegangen, und es wurde

schnell dämmrig. Meine Geisha brachte eine Tisch-
kerze.

»Noch mal Zucker?« Sie konnte sich die Frage
nicht verkneifen.

»Genau«, sagte der Junge und wurde noch ernster,
wenn das überhaupt möglich gewesen wäre.

»Bitte sehr, wenn er mag«, sagte ich.

Das Mädchen brachte eine, wie mir schien, größe-
re Portion.

»Den kute ich.« Er steckte den Kandis in die Ho-
sentasche: »Is für Teetje!«

»Wer is denn Teetje? Dein Freund?«

»Wirste sehn. Kommste mit?«

Ich bezahlte, und wir gingen. Ein anderer Gast
hatte die Siebente Bruckner bestellt, und so hatten wir
einen weihevollen Abgang und Auszug.

Draußen war es finster geworden, und der Wind
hatte noch zugenommen. Das Rauschen der Brandung
war bis hierher zu hören. Der Junge lief voran, quer
über die Meide auf einem schmalen, versteckten Geh-
steig zu den Dünen in Richtung Kampen und Kliff-
ende. Die Trümmer der bei Kriegsende gesprengten
Artilleriebunker blockten schief und schwarz gegen die
dunkelblauen, wehenden Wolken. Manchmal kam ein
Stern durch, wurde aber sofort wieder zugedeckt. Der
Mond war nicht zu sehen, er ging wohl erst später auf.

Zwischen zwei Dünenzügen hob sich der Weg sacht aufwärts, dann steiler, und schließlich mußten wir um einen mächtigen Betonklotz herumklettern. Unter dem Klotz zwängten wir uns in ein enges Loch. Völlige Dunkelheit.

»Warte mal!«

Die Stimme des Jungen klang dumpf vor mir. Ein Streichholz zischte, dann schwebten zwei Kerzen-flammen schräg über mir. »Komm rauf, hier isses!«

An der Seite war ein Teil des Bunkers unbeschä-digt geblieben. Aus der abgebrochenen Zwischendecke hing verrosteter Eisendraht in wirren Mustern. Die Kerzen flackerten in einem Luftzug, wer weiß, woher, Schatten jagten um die Höhlenwände.

Der Junge hatte sich eine Ecke mit getrocknetem Seegras ausgepolstert. Er saß da, ließ die Beine bau-meln und blickte mir mit großen, lichtglänzenden Au-gen entgegen.

»Das ist Teetje«, sagte er. »Friß!«

Die Möwe sperrte den Schnabel auf und schluckte ein Stück Kandiszucker. Sie ruckte mit dem Hals. Ge-rechter Strohsack, ein zweiter Zuckerfresser, und was für einer! Die Möwe sah arg mitgenommen aus, der linke Flügel hing, und der Vogel lahmte; die Federn waren teerverkleistert.

Der Junge nahm die Möwe auf den Schoß und

streichelte sie. Das Tier hielt den Schnabel halb geöffnet und fiepte zart. Die schwarzen Knopfaugen mit
den hellen Ringen beobachteten mich unbeweglich.

»Tag, Teetje!« sagte ich.

Die Möwe fraß den Zucker, und der Junge streichelte sie. »Hab' ich vor 'ner Woche gefunden, is ganz
zahm, von Anfang an. Machsten leiden?«

»Genau«, sagte ich.

Der Junge verzog das Gesicht, und nun sah ich ihn
zum erstenmal leise lächeln.

Wir haben uns in den nächsten Tagen noch zweimal
getroffen, der Junge, die Möwe und ich. Ich sorgte dafür, daß den beiden der Kandis nicht ausging. Drei
Tage bevor ich abfahren mußte, blieb der Junge plötzlich aus. Ich wartete vergebens. Erst am Abend des
letzten Tages kletterte ich allein in den Höhlenbunker.
Die Seegrasecke war leer.

Ich ging nochmals zurück zum Witthüs, trank
meinen Abschiedstee, hörte der Musik zu und dachte
ein wenig nach. Dann endlich fragte ich meine blonde Geisha beiläufig, ob sie den Jungen irgendwann in
den letzten Tagen gesehen habe.

»Den Zuckerfresser?« sagte sie und horchte in
Richtung des Plattenspielers; das »Erwachen heiterer
Gefühle auf dem Lande«, »Allegro ma non troppp«,

mußte gleich zu Ende sein. Es dauerte aber doch noch ein bißchen, da wir beide auf einen Trugschluß hereingefallen waren, und sie sah mich geradeheraus an:

»Ja – der! Am Dienstag war er hier und ging sofort wieder. Er sagte ›Teetje is tot, un ich eß kein Zocker mehr‹. Wissen Sie, wer Teetje ist?«

—— JENS REHN

ABENDS

Warum duften die Levkojen so viel schöner bei der Nacht? Warum brennen deine Lippen so viel röter bei der Nacht? Warum ist in meinem Herzen so die Sehnsucht auferwacht, diese brennend roten Lippen dir zu küssen bei der Nacht?

—— THEODOR STORM

GEDENKST DU NOCH?

Gedenkst du noch, wenn in der Frühlingsnacht
Aus unserem Kammerfenster wir hienieden
Zum Garten schauten, wo geheimnisvoll
Im Dunkel dufteten Jasmin und Flieder?
Der Sternenhimmel über uns so weit,
Und du so jung; – unmerklich geht die Zeit.

Wie still die Luft! Des Regenpfeifers Schrei
Scholl klar herüber von dem Meeresstrande;
Und über unsrer Bäume Wipfel sah'n
Wir schweigend in die dämmerigen Lande.
Nun wird es wieder Frühling um uns her;
Nur eine Heimat haben wir nicht mehr.

Nun horch ich oft schlaflos in tiefer Nacht,
Ob nicht der Wind zur Rückfahrt möge wehen.
Wer in der Heimat erst sein Haus gebaut,
Der sollte nicht mehr in die Fremde gehen!
Nach drüben ist sein Auge stets gewandt;
Doch Eines blieb, – wir gehen Hand in Hand.

—— THEODOR STORM, 1857

QUELLENNACHWEIS

Elisabeth Axmann: Möwe, aus: Verlorene Noten, Hamburg
1999.

Stefanie Bachstein: Nordseegruß, aus: Blauort, Norderstedt
2004. © bei der Autorin.

Thea Bandomir: Morsum-Kliff. © bei der Autorin.

Ferdinand Blume-Werry: Amrum, aus: Entwegtes Land,
Heidelberg 2001.

Gitta und Udo Franken: Platsch! © bei Autorin und Autor.

Roswitha Fröhlich: Die beste Mettwurst, aus: Strandgut.
Herausgegeben von Marie Thérèse Schins-Machleidt,
Reinbek bei Hamburg 1985. © bei der Autorin.

Günter Grass: Ein Ast, aus: Fundsachen für Nichtleser,
Göttingen 1997.

Günter Kunert: Auf der Insel Föhr, aus: So und nicht
anders, München 2002.

Thomas Mann: Auf Sylt, aus: Der Zauberberg, in:
Die Romane. Band 3, Frankfurt am Main 1986.

Ernst Penzoldt: Musik der Insel, aus: Mit eigenen Augen, Frankfurt am Main 1992.

Jens Rehn: Der Zuckerfresser, aus: Der Zuckerfresser, Neuwied 1961.

Karla Reimert: Borkum, aus: Nordsee ist Wortsee. Herausgegeben von Nicolas Nowack, 2006. © bei der Autorin.

Geerd Spanjer: Ein Abend am Sandwall in Wyk, aus: Schleswig-Holstein, 8/1985, Husum 1985. © beim Autor.

Rebecca Steltner: Die Hand, aus: Nordsee ist Wortsee. Herausgegeben von Nicolas Nowack, 2006. © bei der Autorin.

Peter Suhrkamp: Die nordfriesische Insel, aus: Der Leser, Frankfurt am Main 1960

Charlotte Ueckert: Frei, aus: Nordsee ist Wortsee. Herausgegeben von Nicolas Nowack, 2006. © bei der Autorin.

Der Verlag dankt freundlich für die erteilten Abdruckgenehmigungen. Trotz sorgfältiger Recherche war es ihm nicht möglich, sämtliche Rechteinhaberinnen oder Rechteinhaber ausfindig zu machen. Lizenz- und Honoraransprüche noch nicht urheberrechtsfreier Autorinnen und Autoren bleiben in jedem Fall gewahrt. Der Verlag bittet daher, ihm entsprechende Ansprüche mitzuteilen.

ISBN 978-3-85179-473-1

© 2021 by Thiele & Brandstätter Verlag GmbH, Wien

Herausgegeben von Johannes Thiele
Gestaltet und gesetzt von Christina Krutz
Gedruckt von GGP Media GmbH
Umschlagbild von Hermann Seeger (1875-1945)

www.thiele-verlag.com